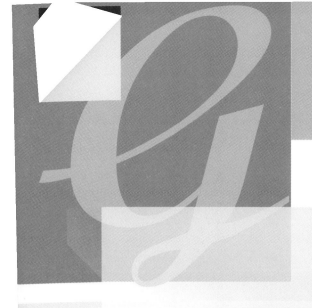

经济模型与
MATLAB应用

主　编　孙云龙　唐小英

JINGJI MOXING YU MATLAB YINGYONG

西南财经大学出版社
Southwestern University of Finance & Economics Press

图书在版编目(CIP)数据

经济模型与 MATLAB 应用/孙云龙,唐小英主编 . —成都:西南财经大学出版社,2016. 12(2018. 3 重印)

ISBN 978 - 7 - 5504 - 2698 - 6

I.①经… Ⅱ.①孙…②唐… Ⅲ.①经济模型—计算机辅助计算—Matlab软件—研究 Ⅳ.①F224.0 - 39

中国版本图书馆 CIP 数据核字(2016)第 261567 号

经济模型与 MATLAB 应用

孙云龙　唐小英　主编

责任编辑:植　苗

责任校对:涂洪波　王　琳

封面设计:杨红鹰　张姗姗

责任印制:朱曼丽

出版发行	西南财经大学出版社(四川省成都市光华村街 55 号)
网　　址	http://www. bookcj. com
电子邮件	bookcj@ foxmail. com
邮政编码	610074
电　　话	028 - 87353785　87352368
照　　排	四川胜翔数码印务设计有限公司
印　　刷	郫县犀浦印刷厂
成品尺寸	185mm × 260mm
印　　张	16
字　　数	365 千字
版　　次	2016 年 12 月第 1 版
印　　次	2018 年 3 月第 2 次印刷
印　　数	2001— 4000 册
书　　号	ISBN 978 - 7 - 5504 - 2698 - 6
定　　价	35. 00 元

前　言

　　本教材是编者在 20 年数学建模教学和指导学生参加数学建模竞赛实践经验的基础上，通过整理修改课程讲稿、参考国内外相关文献编写而成。其内容包括：数学模型基本知识、代数模型、MATLAB 符号运算与绘图、方程模型、MATLAB 程序设计、线性规划模型、非线性规划模型、概率模型、统计模型、图论模型、体育模型、其他模型以及西南财经大学校内竞赛赛题。

　　数学建模不是一门学科，而是一门课程，没有明确的内容体系。目前我国出版发行的数学建模类教材至少有 200 种，内容均不相同，有些教材差异非常大甚至完全不相同。正是由于有这么多差别，编者希望将自己对数学建模教学内容的理解以教材的形式反映出来。在本书的编写过程中，编者做了以下尝试：

　　（1）努力突出数学建模的基本思想和基本方法。本教材通过介绍经济管理、日常生活、科学技术中众多数学模型的实例，系统、详实地阐述了数学建模与数学实验的基本理论和主要方法，以便学生在学习过程中能较好地认识现实问题与数学理论的桥梁关系，从总体上把握数学建模的思想方法。

　　（2）在编写思想、体系安排、内容取舍上，本教材力求最大限度地适应财经类各专业学习该课程和后续课程的需要，精选大量的经济管理模型，并覆盖教材的始终，做到每个专题都有经济管理模型。

　　（3）强调数学软件的重要性，本教材对 MATLAB 软件的应用进行了详细的讲解，特别是对编程方法的讲解，包括算法思想、算法流程、代码详解。并且各类数学模型都涉及 MATLAB 的使用和编程，这在类似教材中是很难见到的。

　　（4）本书配有电子资源，揽括书中所有 MATLAB 的 m 文件的源代码，方便读者学习使用。电子资源放置在西财出版网的出版资料栏，或者登录链接 http://www.bookcj.com/download_content.aspx? id＝314 直接下载。

　　编者一直对学生承诺编写一本与教学内容一致的数学建模教材，今日得以实现，倍感轻松。

　　本书既可作为各类学校、各专业学生数学建模课程的教材，也可作为参加数学建模竞赛的辅导书。

　　本书虽通过认真编写和修改，但限于作者水平所限，不妥之处在所难免，恳请读者不吝指正。

编者

2016 年 10 月

目　录

第一章　数学模型基本知识

本章介绍数学模型、数学建模、经济模型的基础知识，并对 MATLAB 软件进行简单介绍。

第一节　什么是数学模型

数学是一门重要的基础学科，是各学科解决问题的一种强有力的工具，对这一工具的使用过程就是数学建模。

一、数学与数学教育

1. 数学

数学（Mathematics）是研究数量、结构、变化、空间以及信息等概念的一门学科。数学是一门重要的基础学科，在自然科学和社会科学中都占据十分重要的地位。数学是服务性学科，是各学科解决问题的一种强有力的工具，与现实的紧密联系是数学发展的原动力。

伽利略（Galileo，意大利数学家、物理学家、天文学家，1564—1642 年）：大自然是一本书，这本书是用数学写的。

罗吉尔·培根（Roger Bacon）（英国自然科学家、哲学家，1214—1294 年）：数学是科学大门的钥匙，忽视数学必将伤害所有的知识，因为忽视数学的人是无法了解任何其他科学乃至世界上任何其他事物的。更为严重的是，忽视数学的人不能理解他自己这一疏忽，最终将导致无法寻求任何补救的措施。

弗兰西斯·培根（Francis Bacon）（英国散文作家、哲学家、政治家和法理学家，1561—1626 年）：历史使人聪明，诗歌使人机智，数学使人精细，哲学使人深邃，道德使人严肃，逻辑与修辞使人善辩。

米山国藏（日本数学教育家）：学生在学校学的数学知识，毕业后若没什么机会去用，不到一两年，很快就忘掉了。然而，不管他们从事什么工作，唯有深深铭刻在头脑中的数学的精神、数学的思维方法和研究方法、推理方法和看问题的着眼点等会随时随地发生作用，使他们终身受益。

E. 戴维（E. David）（美国尼克松总统的科学顾问）：被人如此称颂的高技术本质上就是数学。

保罗·柯林斯（Paul Collins）（美国花旗银行副总裁）：一个从事银行业务而不懂数学的人，无非只能做些无关紧要的小事。

2. 数学教育

历史地看，数学教育几乎总是与各行各业密切联系在一起，只是随着中学与大学的学院化，数学与现实的联系才被忽视或受到歪曲。美国数学家柯朗在其名著《数学是什么》的序言中这样写道："今天，数学的教学，逐渐流于无意义的单纯演算习题的训练，数学的研究，有过度专门化和过度抽象化的倾向，忽视了应用以及数学与其他领域之间的联系。"

一方面，数学以及数学的应用在世界的科学、技术、商业和日常生活中所起的作用越来越大；另一方面，数学科学的作用未被一般公众甚至科学界充分认识，数学科学作为技术变化以及工业竞争的推动力的重要性也未被充分认识。《数学是什么》于1941年初版，至今已70多年，数学教育的状况并没有根本改变。

事实上，人们正努力改变现状。20世纪数学教育先后经历了两次全球性的大规模改革：一次是20世纪初的克莱因培利运动，另一次是20世纪50年代末的数学教育现代化改革运动蓬勃兴起。两次运动范围之广、影响之大都是史无前例的，改革的思想包括强调联系实际学习数学的重要性等。然而，这两次改革均宣告失败。

改革仍在继续。20世纪末，数学教师全美协会强调："设计数学教学大纲，必须以能帮助学生解决各种实际问题的数学方法来武装学生。"1985年，由美国科学基金会、美国工业与应用数学学会、美国国家安全局等发起赞助美国数学建模竞赛（Mathematical Contest in Modeling，MCM），创立该项比赛的目的就是为了吸引优秀学生关注数学应用。

3. 数学与经济学

数学与经济学的关系很特别。经济管理类专业学生在学习数学时，普遍有两个感觉：数学既"无用"又"不够用"。一方面，学生会感觉所学的微积分、线性代数、概率论在经济管理类课程中很少使用甚至不用；另一方面，许多学生特别是研究生，在阅读一些科研论文尤其是国外研究前沿的科研论文时，发现自己所学的数学根本不够用，学多少数学好像都不够用。这是因为数学学科与许多理工学科是相互促进、互相渗透、共同发展的，在许多理工科的学习中能充分感受数学思维，比如"理论力学"就是数学。而经济学科中的数学基本上是拿来主义，即在经济定量分析研究中，寻找数学工具，建立模型，分析求解。因此我们认为，与理工科学生相比，数学模型对财经类学生更重要。

由于数学与经济学的这种特殊关系，我们想要在经济理论做深入研究就必须具有较好的数学基础。诺贝尔奖中没有数学奖，却与数学有不解之缘（特别是1969年设立经济学奖）。可以通过观察诺贝尔经济学奖获得者得到相关启示。21世纪诺贝尔经济学奖获奖者如下：

2000年：詹姆斯·赫克曼（James J. Heckman），科罗拉多学院数学学士；丹尼尔·麦克法登（Daniel L. McFadden），明尼苏达大学物理学士。

2001 年：乔治·阿克尔洛夫（George A. Akerlof）；迈克尔·斯彭斯（A. Michael Spence）牛津大学数学硕士；约瑟夫·斯蒂格利茨（Joseph E. Stiglitz）。

2002 年：丹尼尔·卡纳曼（Daniel Kahneman），希伯来大学心理学与数学学士；弗农·史密斯（Vernon L. Smith）。

2003 年：克莱夫·格兰杰（Clive W. J. Granger），英国第一个经济学数学双学位、统计学博士；罗伯特·恩格尔（Robert F. Engle）。

2004 年：芬恩·基德兰德（Finn E. Kydland）；爱德华·普雷斯科特（Edward C. Prescott），数学学士。

2005 年：托马斯·克罗姆比·谢林（Thomas Crombie Schelling）；罗伯特·约翰·奥曼（Robert John Aumann），数学学士、数学硕士、数学博士，耶路撒冷希伯莱大学数学研究院教授、纽约州立大学斯坦尼分校经济系和决策科学院教授以及以色列数学俱乐部主席、美国经济联合会荣誉会员等。

2006 年：埃德蒙·菲尔普斯（Edmund S. Phelps）。

2007 年：里奥尼德·赫维茨（Leonid Hurwicz），华沙大学法学硕士；埃克里·马斯金（Eric S. Maskin），哈佛大学数学博士；罗杰·梅尔森（Roger B. Myerson），哈佛大学应用数学博士。三人均没有经济学学位。

2008 年：保罗·克鲁格曼（Paul Krugman）。

2009 年：埃莉诺·奥斯特罗姆（Elinor Ostrom），政治学博士；奥利弗·威廉姆森（Oliver E. Williamson），高中就十分喜欢数学，麻省理工学院理学士、斯坦福大学工商管理硕士、卡内基-德梅隆大学经济学哲学博士。

2010 年：彼得·戴蒙德（Peter Diamond），耶鲁大学数学学士，麻省理工学院经济学博士；戴尔·莫滕森（Dale T. Mortensen）；克里斯托弗·皮萨里德斯（Christopher A. Pissarides）。

2011 年：托马斯·萨金特（Thomas J. Sargent）；克里斯托弗·西姆斯（Christopher A. Sims），哈佛大学数学学士。

2012 年：埃尔文·罗斯（Alvin Roth），哥伦比亚大学运筹学学士、硕士、博士；罗伊德·沙普利（Lloyd Shapley），哈佛大学数学学士、博士。

2013 年：尤金·法玛（Eugene F. Fama），法文学士；拉尔斯·彼得·汉森（Lars Peter Hansen），犹他州立大学数学学士；罗伯特·希勒（Robert J. Shiller）。

2014 年：让·梯若尔（Jean Tirole），巴黎第九大学应用数学博士、麻省理工学院经济学博士。

2015 年：安格斯·迪顿（Angus Deaton），曾就读于爱西堡 Fettes 学院，并在剑桥大学获得他的学士、硕士和博士学位。他在剑桥大学的前两年学习中，攻读数学专业。

2016 年：奥利弗·哈特（Oliver Hart），剑桥大学国王学院数学学士学位；本特·霍尔姆斯特伦（Bengt Holmstroöm），赫尔辛基大学数学学士学位，斯坦福大学运筹学硕士学位。

2017 年：理查德·塞勒（Richard Thaler），凯斯西储大学学士学位，罗彻斯特大学文学硕士、哲学博士。

二、数学模型

1. 模型

模型（Model）的概念应用极其广泛。

最常见的是实物模型，通常是指依照实物的形状和结构按比例制成的物体。比如玩具、手办、户型模型、机械模型、城市规划模型等。

物理模型，主要指为了一定目的根据相似原理构造的模型。比如机器人、航模飞机、风洞等。

结构模型，主要反映系统的结构特点和因果关系，最常见的就是图模型。比如地图、电路图、分子结构图等。

其他模型，比如工业模型、仿真模型、3D 模型、人力资源模型、思维模型等。

模型是为了一定目的对客观事物的一部分进行简缩、抽象、提炼出来的原型的替代物，模型集中反映了原型中人们需要的那一部分特征。对于一个原型，根据目的不同，可以建立多个截然不同的模型。而对于同一目的，由于考查方面不同，采用的方法不同，也会得到不同的模型。

2. 数学模型

数学模型（Mathematical Model）是近些年发展起来的新学科，是数学理论与实际问题相结合的一门科学。它将现实问题归结为相应的数学问题，并在此基础上利用数学的概念、方法和理论进行深入的分析和研究，从而从定性或定量的角度来刻画实际问题，并为解决现实问题提供精确的数据或可靠的指导。

数学模型没有一个统一的定义。姜启源教授对数学模型的解释是："对于一个现实对象，为了一个特定目的，根据其内在规律，做出必要的简化假设，运用适当的数学工具，得到的一个数学结构。"建立数学模型，包括表述、求解、解释、检验等的全过程称为数学建模。

数学模型具有这样几个特征：

（1）沟通现实世界与数学之间的桥梁。

（2）一种抽象模型，区别于具体模型。

（3）数学结构，如数学符号、数学公式、程序、图、表等。

3. 数学建模的一般步骤

问题分析：了解问题背景，明确建模目的，掌握必要信息。

模型假设：根据对象的特征和建模目的，做出必要、合理的简化和假设。模型假设既要反映问题的本质特征，又能使问题得到简化，便于进行数学描述。

建立模型：在分析和假设的基础上，利用合适的数学工具去刻画各变量之间的关系，把问题转化为数学问题。建立模型的方法包括机理分析法、测试分析法、计算机模拟等，常见模型包括函数模型、几何模型、方程模型、随机模型、图论模型、规划模型等。

模型求解：利用数学方法求解得到的数学模型，即应用数学理论求解，特别是计算方法理论，借助计算机求解。

模型分析：结果分析、数据分析。常见的分析内容包括变量之间的依赖关系或稳定性态、数学预测、最优决策控制等。

模型检验：分析所得结果的实际意义，与实际情况进行比较，看是否符合实际，如果结果不够理想，应该修改、补充假设或重新建模。有些模型需要经过多次反复修改，不断完善。

模型应用：建模的最终目的就是实际应用。

三、数学建模竞赛

1. 三大赛事

通常数学建模竞赛是指美国大学生数学建模赛、全国大学生数学建模竞赛、全国研究生数学建模竞赛三大赛事。

美国大学生数学建模竞赛（MCM/ICM）是一项国际性的学科竞赛，在世界范围内极具影响力，为现今各类数学建模竞赛之鼻祖。MCM/ICM 是 Mathematical Contest in Modeling 和 Interdisciplinary Contest in Modeling 的缩写，即数学建模竞赛和交叉学科建模竞赛。MCM 始于 1985 年，ICM 始于 2000 年，由美国数学及其应用联合会（the Consortium for Mathematics and Its Application，COMAP）主办，得到了美国工业和应用数学学会（Society for Industry and Applied Mathematics，SIAM）、美国国家安全局（National Security Agency，NSA）、运筹与管理科学学会（Institute for Operations Research and the Management Sciences，INFORMS）等多个组织的赞助。MCM/ICM 着重强调研究问题、解决方案的原创性、团队合作、交流以及结果的合理性。近几年，每年均有来自美国、中国、加拿大、芬兰、英国等国家和地区的近万支队伍参加，包括来自哈佛大学、普林斯顿大学、西点军校、麻省理工学院、清华大学、北京大学、浙江大学等国际知名高校学生参与此项赛事角逐。

全国大学生数学建模竞赛由教育部高教司和中国工业与应用数学学会联合主办，创办于 1992 年，每年一届，目前已成为全国高校规模最大的基础性学科竞赛，也是世界上规模最大的数学建模竞赛。二十多年来，全国大学生数学建模竞赛得到了飞速发展，已经成为"推进素质教育、促进创新人才培养的重大品牌竞赛项目"（教育部高教司张大良司长在全国大学生数学建模竞赛 20 周年庆典暨 2011 年颁奖仪式上的致辞）。近几年，每年均有来自全国 33 个省、市、自治区（包括香港和澳门特区）以及新加坡、美国的高等院校的数万名大学生报名参加本项竞赛。

全国研究生数学建模竞赛是一项面向全国研究生群体的学术竞赛活动，创办于 2004 年，2006 年被列为教育部研究生教育创新计划项目之一。从 2013 年起，该竞赛作为"全国研究生创新实践系列活动"主题赛事之一，由教育部学位与研究生教育发展中心主办。该项赛事是广大研究生探索实际问题、开展学术交流、提高创新能力和培养团队意识的有效平台。近几年，每年均有来自全国 30 个省、市、自治区的数千支研究生队成功参赛，参赛规模历年均创新高。

此外，还有许多类似的比赛，如苏北数学建模联赛、华中数学建模竞赛、华东地区大学生数学建模邀请赛、东北三省数学建模竞赛、中国电机工程学（电工）杯数学建模竞赛、数学中国数学建模网络挑战赛、数学中国数学建模国际赛等。目前，相当数量的学校已开始举办"数学建模校内赛"。

2. 数学建模竞赛是一个创新实践平台

我国大学生的数学建模竞赛活动是从北京大学、清华大学、北京理工大学等共4个队于 1989 年参加美国数学建模竞赛开始的。从那时起，数学建模竞赛活动在我国高校中得到迅速发展。1992 年由中国工业与应用数学学会数学模型专业委员会组织举办了我国 10 城市的大学生数学模型联赛。教育部领导及时发现并扶植、培育了这一新生事物，决定从 1994 年起由教育部高教司和中国工业与应用数学学会共同主办全国大学生数学建模竞赛，每年一届，至今已二十多年，竞赛的规模以平均年增长 25% 以上的速度发展。

以数学建模竞赛为主体的数学建模活动实际上是一种规模巨大的教育教学改革的实验，数学建模实践活动已成为培养高素质人才的创新实践平台，在此平台上可以全面、系统地培养学生的各种能力。在我国甚至世界范围内，尚没有哪一门数学课程、哪一项活动、哪一项学科性竞赛能取得如此迅猛的发展，能够在培养学生能力上起到如此大的作用。中国高等教育学会会长周远清教授曾用"成功的高等教育改革实践"给以评价。李大潜、陈永川、徐宗本、袁亚湘、曾庆存、谷超豪、江伯驹、张恭庆、王选、刘应明等许多中国科学院和中国工程院院士以及教育界的专家在参加为数学建模竞赛举办的活动时，均对这项竞赛给予热情关心和很高的评价。

首先，数学建模竞赛活动是提高学生综合素质的有效途径。

数学建模是沟通现实世界和数学科学之间的桥梁，是数学走向应用的必经之路。它强调的是解决实际问题，以实际问题为载体，通过综合运用经济、数学等各方面的知识，利用计算机等先进技术手段，用数学的方法解决现实社会中的各种问题。通过数学建模活动的开展，有利于培养大学生的创造能力和创新意识，有利于培养大学生的组织协调能力，有利于培养和提高大学生的自学能力，有利于培养和提高大学生使用计算机的能力，有利于培养大学生严谨的治学态度，有利于增强大学生的适应能力，有利于磨炼大学生的意志和增强锻炼身体的意识，有利于提高大学生的综合素质。

其次，以数学建模为主体的教学活动推动了数学教学内容、方法、手段改革的日趋完善。

以大学生数学建模为主体的数学建模教学活动实际上是一种不打乱教学秩序的、规模相当大的大学生数学教育改革的试验，是我国一项成功的高等教育改革实践，为高等学校应该培养什么人、怎样培养人做出了重要的探索，为提高学生综合素质提供了一个范例。关于大学应设置什么样的课程，虽然尚不能有定论，但从已经在国内广泛开设的数学建模课来看，大学生数学建模竞赛已经对课程设置产生了实质性的影响。更可喜的是，许多教师在自己开设的课程中力图渗透数学建模的思想，并取得了很好的教学效果。在 1997—2014 年的五届普通高等学校国家级教学成果奖中，与数学建模和数学实验直接相关的成果共有 13 项；截至 2014 年，在国家级精品课程中，数学建模和数学实验课程有 12 门。

最后，让数学建模竞赛活动成为一个创新实践平台。

数学建模如果只停留在单独设课、举行竞赛的层面上，不仅其受益面受到很大限制，而且不能深入到数学教育的核心中去。在西南财经大学，数学建模活动已形成了以"普及发动、课堂教学、课外实践"为特色的教学模式，其独特的实践环节吸引了一大批各专业学生。每年为全校学生举办的数学建模课题讲座，用微积分、简单微分方程、线性代数等大学一年级新生已经掌握的数学知识讲解数学建模在解决生产实际问题中的作用，使困惑于"学数学究竟有什么用"的学生豁然开朗，并对数学建模产生了浓厚的兴趣。本科生、研究生的数学建模课程的选修率名列前茅，是学校影响最大的课程之一。每年的建模培训与建模竞赛备受学生瞩目，许多学生踊跃报名，要求参赛。由此可以看出，数学建模活动的深入开展具有广泛的群众基础，其独特的教育教学方式吸引了大批优秀学生，学校、教师通过努力探索，可以使之成为一个创新实践平台。

许多参加数学建模竞赛的同学均感到"一次参赛，终身受益！"

第二节　数学建模实例

本节给出两个数学建模实例，重点说明如何做出合理、简化假设，用数学语言表述实际问题，用数学理论解决问题以及结果的实际意义。

一、椅子放稳问题

1. 问题

四只脚的椅子在不平的地面上，通过调整位置，使四只脚同时着地。

分析：四只脚的椅子在不平的地面上放置，通常只有三只脚着地，放不稳，然而只需稍微挪动几次，就可能使四只脚同时着地，就放稳了。这个看来似乎与数学无关的现象能用数学语言给以表述，并用数学工具来证实吗？

2. 模型假设

注意：我们并不研究所有的椅子和任意地面，我们需要明确要研究的对象和简化研究的问题，对椅子和地面做一些必要的假设：

（1）椅子：方形，四条腿一样长，椅脚与地面接触处可视为一个点，四脚的连线呈正方形。

（2）地面：高度是连续变化的，沿任何方向都不会出现间断（没有像台阶那样的情况），即地面可视为数学上的连续曲面。

（3）动作：将椅子放在地面上，对于椅脚的间距和椅脚的长度而言，地面是相对平坦的，使椅子在任何位置至少有三只脚同时着地。

3. 模型建立

模型构成的中心问题是用数学语言把椅子四只脚同时着地的条件和结论表示出来。在这里，我们研究方椅沿椅脚连线正方形的中心旋转的情形下椅子的状态变化。

（1）椅子的位置的描述

根据模型假设中的假设（1），椅脚连线成正方形，以中心为对称点，正方形的中心的旋转正好代表了椅子位置的改变，于是可以用旋转角度 θ 这一变量表示椅子的位置。如图 1-1 所示。

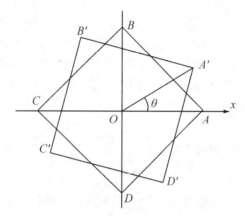

图 1-1 椅脚位置平面示意图

椅脚连线为正方形 $ABCD$，对角线 AC 与 x 轴重合，椅子绕中心点 O 旋转角度 θ 后，正方形 $ABCD$ 转至 $A'B'C'D'$ 的位置，所以对角线 AC 与 x 轴的夹角 θ 表示了椅子的位置。

椅脚着地用数学语言来描述就是：距离。由于椅子有四只脚，因此有四个距离，由正方形的中心对称性可知，只要设两个距离函数即可。

设 f 为 AC 两脚与地面距离之和，g 为 BD 两脚与地面距离之和。显然 f、g 是旋转角度 θ 的函数，于是，两个距离可表示为 $f(\theta)$、$g(\theta)$。

（2）模型

根据假设（2），f、g 是连续函数。根据假设（3），椅子在任何位置至少有三只脚着地，因此对于任意的 θ，$f(\theta)$、$g(\theta)$ 至少有一个为零。

不妨设当 $\theta = 0$ 时，$g(\theta) = 0$，$f(\theta) > 0$。

于是，改变椅子的位置使四只脚同时着地问题就归结为证明如下的数学命题：

已知 $f(\theta)$、$g(\theta)$ 是 θ 的连续函数，对任意 θ，$f(\theta)\,g(\theta) = 0$，且 $g(0) = 0, f(0) > 0$。证明存在 θ_0，使 $f(\theta_0) = g(\theta_0) = 0$。

4. 模型求解

上述命题有多种证明方法，这里介绍其中比较简单，但是有些粗糙的一种。

令 $h(\theta) = f(\theta) - g(\theta)$，则：$h(\theta)$ 为连续函数

当 $\theta = 0$ 时，$h(0) = f(0) > 0$

将椅子旋转 90^0，对角线 AC 与 BD 互换，$\theta = \dfrac{\pi}{2}$

$$h\left(\frac{\pi}{2}\right) = f\left(\frac{\pi}{2}\right) - g\left(\frac{\pi}{2}\right) = g(0) - f(0) = -f(0) < 0$$

于是：$h(\theta)$ 为闭区间 $\left[0, \dfrac{\pi}{2}\right]$ 上的连续函数，其端点异号。

由零点存在定理，得

存在 θ_0，使 $h(\theta_0) = 0$

$\because$ 对任意 θ，$f(\theta) \, g(\theta) = 0$

$\therefore f(\theta_0) = g(\theta_0) = 0$

结论：椅子一定能够放稳。

5. 评注

面对实际问题时，我们并没有马上看见数学，而是在建模的过程中逐步将数学语言引入的。

这个模型的巧妙之处在于用一元变量 θ 表示椅子的位置，用 θ 的两个函数表示椅子四脚与地面的距离，进而把模型假设和椅脚同时着地的结论用简单、精确的数学语言表达出来，构成了这个实际问题的数学模型。

由此可以看出，在模型建立过程中，有一些讨论我们粗糙带过，比如四个距离变成两个距离等，这也是建模的常用方法。

二、商人过河问题

1. 问题

三名商人各带一个随从乘船过河，河中只有一只小船，小船只能容纳两人，由乘船者自己划船。随从们密约，在河的任何一岸，一旦随从的人数比商人多，就杀人越货，但是乘船渡河的大权掌握在商人们手中，商人们怎样才能安全渡河呢？

分析：这是一个智力游戏题，其中，商人明确知道随从的特性。该问题求解本不难，可以使用数学模型求解，目的是显示数学建模解决实际问题的规范性与广泛性。

显然这是一个构造性问题，虚拟的场景已经很明确简洁了，不需要再做假设，最多只做符号假设。

原问题为多阶段决策问题，使用向量的概念可较好地刻画各阶段的状态和变化。

2. 模型建立

令第 k 次渡河前此岸，商人数、随从数为 x_k，y_k，其中 $k = 1, 2, \cdots$

定义状态向量：$s_k = (x_k, y_k)$

称 s_k 的安全条件下的取值范围为允许状态集 S。

$S = \{(x, y) \mid x = 0, \ y = 0, 1, 2, 3; \ x = 3, \ y = 0, 1, 2, 3; \ x = y = 1, 2\}$

定义一次渡船上的商人数和随从数为决策：$d_k = (u_k, v_k)$

称 d_k 的取值范围为允许决策集 D。

$D = \{(u, v) \mid u + v = 1, 2\}$

每次渡河产生状态改变，状态改变律为：

$s_{k+1} = s_k + (-1)^k d_k$

问题：求决策序列

$d_1, d_2, \cdots, d_n$

使 $s_1 = (3, 3)$ 通过有限步 n 到达 $s_{n+1} = (0, 0)$。

3. 模型求解

模型是递推公式，非常适合计算机编程搜索。不过，在这里我们采用数学上的一种常用方法求解：图解法。

在平面直角坐标系中，用方格点代表状态 $s_k = (x_k, y_k)$，如图 1-2 所示。

图 1-2　商人过河图解法示意图

其中：允许状态点用"○"表示。

决策：沿方格线在允许状态点之间移动 1~2 格。其中：当 k 为奇数时，决策为渡河，向左、下方移动；当 k 为偶数时，决策为渡河，向右、上方移动。要确定一种移动方式，使状态 $s_1 = (3, 3)$ 通过有限步 n 到达原点 $s_{n+1} = (0, 0)$。

图 1-2 给出了一种移动方案。这个结果很容易翻译成实际的渡河方案。

4. 评注

此问题的求解方法很典型，建立指标体系、变量符号化、确定变量关系、寻找求解方法。在解决实际问题特别是经济、社会问题使用定量分析方法时，常常使用这种方法进行数学建模。

本问题共有两个结果，读者可使用此方法寻找另一个结果。

第三节　MATLAB 软件概述

一、MATLAB 软件简介

1. 数学实验

数学实验就是以计算机为仪器，以软件为载体，通过实验体会数学理论、解决实际中的数学问题的一种方法。数学实验是计算机技术和数学、软件引入教学后出现的新事物，目的是为了提高学生学习数学的积极性，提高学生对数学的应用意识并培养学生用所学的数学知识和计算机技术去认识问题和解决实际问题的能力。不同于传统的数学学习方式，数学实验强调的是以学生动手为主的数学学习方式。

通常我们所说的数学实验是指数学软件的使用，目前较流行的通用数学软件包括 MATLAB、Mathematica、Maple 等，它们均具有符号运算、数值计算、图形显示、高效编程的功能。除此之外，还有一些专业的数学软件，包括统计软件 Spss、Sas 以及规划软件 Lindo、Lingo 等。

这些软件各有特点，本书主要介绍 MATLAB 软件的使用。

2. MATLAB 软件的特征

作为全世界最著名的通用数学软件，MATLAB 实现了我们通常教学中的几乎所有计算功能，并且超出我们的预期，比如我们无法对 $\int_0^1 \frac{\sin(x)}{x} dx$ 积分，但 MATLAB 可以。如果我们想大量应用数学模型，但又不具有较强的数学理论知识，推荐使用 MATLAB。

从矩阵运算起步的 MATLAB 软件，具有非凡的数值运算特别是矩阵运算能力，有大量简捷、方便、高效的函数或表达式实现其数值运算功能。在这方面，MATLAB 具有其他软件无法比拟的优势。比如求一个 1 000 阶矩阵的逆矩阵，MATLAB 只需要 0.08 秒。

MATLAB 具有其独特的图形功能，它包含了一系列绘图指令以及专门工具，其独有的数值绘图功能，可以为面对大量数据的经济研究提供强大支持。

MATLAB 是一种面向科学与工程计算的高级语言，它允许用数学形式的语言编写程序，且比其他计算机语言更加接近我们书写计算公式的思维方式，其程序语言简单明了，程序设计自由度大，易学易懂，没有编程基础的研究者也可以很快掌握 MATLAB 编程方法。独立的 m 文件窗口设计，把编辑、编译、连接和执行融为一体，操作灵活，轻松实现快速排除输入程序中的书写错误、语法错误及语意错误。特别是 MATLAB 不仅有很强的用户自定义函数的能力，还有丰富的库函数可以直接调用，使我们可以回避许多复杂的算法设计，MATLAB 是一个简单高效的编程平台。

MATLAB2015 占用计算机的硬盘存储空间是 7.4G，这从一个侧面反映了软件内部功能的巨大，特别是 MATLAB 强大的工程研究工具。目前 MATLAB 内含 80 多个工具箱，每一个工具箱都是为某一类学科专业和应用而定制的，这些工具箱都是由该领域内学术前沿的专家编写设计，全世界的科学家在为 MATLAB 服务。

良好的开放性是 MATLAB 最受人们欢迎的特点之一。除内部函数以外，所有 MATLAB 的核心文件和工具箱文件都是可读可改的源文件，用户可对源文件进行二次开发，使之更加符合自己的需要。

由于 MATLAB 的应用几乎囊括所有学科，使得 MATLAB 具有丰富的网络资源。比如你想编写一个整数规划函数，只需在网上搜索，即可得到许多免费支持，你要做的就是——读懂、判别、消化、修改，使之成为自己的资源。

3. MATLAB 软件应用探讨

MATLAB 软件是进行高等数学教学的强大辅助工具。在包括微积分、线性代数、概率统计等的高等数学教学活动中，我们一直面临着两难选择：一方面，面对日常教学和考试，学生需要进行大量的数学技巧训练；另一方面，面对后续课程，学生需要掌握较好的数学思维和基本的计算方法，在有限的学时内实现上述两方面是很困难的。MATLAB 为我们提供了这种可能性，即只需很少的学习时间来掌握 MATLAB，让不过分追求数学技巧的学生从繁杂的计算中解放出来，把数学建模和数学实验的思想引入他们的课程中，既是有益的也是有效的。目前，在许多高校本科生、研究生中均开设有"应用数学软件"类的课程供学生选修。

MATLAB 软件是进行数学建模的必备工具。数学模型是指通过抽象和简化的方式，使用数学语言对实际对象进行刻画，使人们更简明、深刻地认识所研究的对象的一种方法。数学建模包括建立数学模型的全过程，主要包括两个方面：建立数学模型、求解数学模型。于是数学建模求解工具，即数学软件成为必要。MATLAB 以其简洁高效的编程语言、丰富的计算函数使其成为数学建模工具的首选。

MATLAB 软件是进行科学研究的强大工具。MATLAB 工具箱几乎囊括了所有可计算类学科，而科学研究涉及大量数学模型，使 MATLAB 成为各类课程教学与研究的基本工具。例如，在经济学科中，为了解决现代金融中的计算问题，MathWorks 公司集结了一批优秀的金融研究开发人员，开发了包括 Financial Toolbox、Financial Derivatives Toolbox、Financial Time Series Toolbox、Fixed-Income Toolbox 等系列的金融工具箱，几乎涵盖了所有金融问题，其功能目前仍在不断扩大。在欧美国家，MATLAB 已成为金融工程人员的密切伙伴，世界上超过 2 000 多家金融机构运用 MATLAB 进行研究分析，评估风险，有效管理公司资产，如国际货币基金组织、摩根士丹利等顶级金融机构都是 MathWorks 公司的注册用户。

二、MATLAB 软件基本操作

1. MATLAB 软件的运行界面

MATLAB 的工作界面采用微软的窗口界面形式，见图 1-3。

图 1-3　MATLAB 软件的工作界面

主窗口中包含许多子窗口，如命令窗口（Command Window）、历史窗口（Command History）、当前目录窗口（Current Directory）、工作空间管理窗口（Workspace），这些子窗口均可以进行最小化、最大化、解锁、关闭。可以在命令窗口输入指令，运算结果显示在命令窗口之中。

2. MATLAB 软件的基本操作

（1）基本计算

MATLAB 是一个超级计算器，可以直接在命令窗口中以平常惯用的形式输入，如输入：

$456456 * 145678131 / 456456123$

按回车键（Enter）显示结果如下：

ans =

1.4568e+005

这里"ans"是指当前的计算结果，若计算时用户没有对表达式设定变量，系统就自动赋当前结果给"ans"变量。

该结果是 MATLAB 科学记数法的一种显示格式，代表：

1.4568×10^5

事实上，MATLAB 保存在内存中的计算结果比显示结果更精确，不同版本精确度有一定差别，可以通过改变 MATLAB 的显示格式或使用 vpa 指令显示更精确的结果。例如，输入：

vpa（ans，30）

结果如下：

ans =

145678.091744507051771506667137

（2）变量

变量是任何程序设计语言的基本要素之一，MATLAB 语言当然也不例外。与常规的程序设计语言不同的是，MATLAB 既不要求事先对所使用的变量进行声明，也不需要指定变量类型，MATLAB 语言会自动依据所赋予变量的值或对变量所进行的操作来识别变量的类型。在赋值过程中如果赋值变量已存在时，MATLAB 语言将使用新值代替旧值，并以新值类型代替旧值类型。

在 MATLAB 语言中，变量的命名应遵循如下规则：

·变量名必须是不含空格的单个词。

·变量名区分大小写。

·变量名有字符个数限制，不同版本有差别。

·变量名必须以字母打头，之后可以是任意字母、数字或下划线，变量名中不允许使用标点符号。

MATLAB 语言本身也具有一些预定义的变量，这些特殊的变量称为常量。表 1-1 给出了 MATLAB 语言中经常使用的一些常量符号。

表 1-1　　　　　　　　　　　　　　MATLAB 语言的常用常量符号表

常量符号	表示数值
ans	结果缺省变量名
pi	圆周率
eps	浮点运算的相对精度
inf	正无穷大
NaN	表示不定值
i, j	虚数单位
realmin	最小浮点数
realmax	最大浮点数
nargin	所用函数的输入变量数目
nargout	所用函数的输出变量数目

例如，输入：

vpa（pi，100）

结果如下：

ans =

3. 1415926535897932384626433832795023841971693993751058209749445923078164062862089986280348753421 17067

有两个指令经常使用：

clc　清屏

clear　清除变量，释放内存

（3）运算符及标点

MATLAB 中不同的标点具有不同的意义，MATLAB 允许算术运算、关系运算、逻辑运算等，并具有特定的运算符。具体使用见表 1-2。

表 1-2   MATLAB 软件运算符表

	运算符	功 能	运算符	功 能
标点	,	分隔符	;	不显示结果
	:	间隔	…	续行
	%	注释		
算术运算符	+	加	-	减
	*	乘	/	除
	^	乘方	\	左除
	. *	点乘	. /	点除
	. ^	点次方	. \	点左除
关系运算符	= =	等于	~ =	不等于
	>	大于	<	小于
	>=	大于等于	<=	小于等于
逻辑运算符	|	逻辑或	&	逻辑与
	~	逻辑非		

例如，输入：

456>789

结果如下：

ans =

　　0

习题一

1. 本章第二节"椅子放稳问题"中，若将假设条件中四脚的连线呈正方形改为呈长方形，其余不变，试建模求解。

2. 本章第二节"商人过河问题"中，

（1）若将假设条件部分更改，4 个商人和 4 个随从过河，能否安全过河？

（2）若将假设条件部分更改，4 个商人和 4 个随从过河，河中一船仅容 3 人。试建模求解，并确定有几个结果。

（3）夫妻过河问题：有 3 对夫妻过河，船最多能载 2 人，条件是任一女子不能在其丈夫不在的情况下与其他男子在一起。如何安排三对夫妻过河？若船最多能载 3 人，5 对夫妻能否过河？

3. 使用 MATLAB 求解。

（1）$\dfrac{123 \times 456^{78}}{876 \times 543^{75}}$（保留到小数点后 10 位）

（2）$\sin\left(\dfrac{\pi}{5}\right)$

（3）$\arcsin(0.5)$

（4）$\ln(2)$

第二章　代数模型

本章介绍 MATLAB 矩阵运算功能及其在数学建模中的应用。

第一节　MATLAB 矩阵运算

MATLAB 的基本数据单位是矩阵，具有强大的矩阵运算功能。

一、建立矩阵

1. 直接输入法

MATLAB 中最简单的建立矩阵的方法是从键盘直接输入矩阵的元素：同一行中的元素用逗号","或者用空格符来分隔，空格个数不限；不同的行用分号";"或回车分隔。所有元素处于方括号"［ ］"内。

当矩阵是多维（三维以上）且方括号内的元素是维数较低的矩阵时，会有多重的方括号。矩阵的元素可以是数值、变量、表达式或函数。矩阵的尺寸不必预先定义。

例如，输入：

［1 2 3；4 5 6；7 8 9］

运行结果如下：

ans =

```
    1    2    3
    4    5    6
    7    8    9
```

注：MATLAB 代码为 c01. m[①]。

2. 利用已有数据

MATLAB 语言也允许用户调用在 MATLAB 环境之外定义的矩阵。最简单的方式就是复制、粘贴。

此外，MATLAB 提供了一些读取数据的指令，最常用的是 load 指令。其调用方法

[①]　代码内容见本书配套电子资源，配套的电子资源揽括书中所有 MATLB 的 m 文件的源代码，方便读者学习使用。电子资源放置在西财出版网的出版资源栏，或者登录链接 http://www.bookcj.com/download_content.aspx? id＝314 直接下载。

为：load+文件名［参数］。

例如，在工作路径下，保存了一个 txt 文件，文件名为 data，内容为一个数据表：

0.9501	0.6154	0.0579	0.0153	0.8381
0.2311	0.7919	0.3529	0.7468	0.0196
0.6068	0.9218	0.8132	0.4451	0.6813

在 MATLAB 中，输入：

load   data. txt

data

运行结果如下：

data =

0.9501	0.6154	0.0579	0.0153	0.8381
0.2311	0.7919	0.3529	0.7468	0.0196
0.6068	0.9218	0.8132	0.4451	0.6813

数据结果可以使用 save 指令保存下来。

例如，输入并执行：

save data

内存中的变量将生成以 mat 为扩展名的文件并保存在工作路径下。

3. 生成向量

在区间［a，b］上生成数据间隔相同的向量有两种方式：

（1）定步长   a：t：b

（2）等分   linspace（a，b，n）

例如，输入：

x = 0：3：10

y = linspace（0，10，11）

运行结果如下：

x =

       0   3   6   9

y =

       0   1   2   3   4   5   6   7   8   9   10

4. 函数命令

在 MATLAB 中，提供了一些生成特殊矩阵的指令。

表 2-1   MATLAB 生成特殊矩阵的指令

指令	功能	指令	功能
［ ］	空矩阵	eye（m，n）	单位矩阵
zeros（m，n）	零矩阵	ones（m，n）	1 矩阵

表2-1(续)

指令	功能	指令	功能
rand (m, n)	均匀分布随机阵	randn (m, n)	正态分布随机矩阵
fix (m * rand (n))	整数随机阵	randperm (n)	1~n 随机排列
magic (n)	幻方阵		

例如，输入：

fix（10 * rand（4））

运行结果如下：

ans =

```
8    6    9    9
9    0    9    4
1    2    1    8
9    5    9    1
```

注：MATLAB 代码为 c03.m

二、操作矩阵

1. 元素定位

在 MATLAB 中，矩阵的操作从矩阵元素的定位开始。

表 2-2   MATLAB 矩阵元素的定位方式

指令	功能	指令	功能
A (i, j)	i 行 j 列	A (i1: i2, j1: j2)	i1~i2 行、j1~j2 列
A (r, :)	第 r 行	A (:, r)	第 r 列
A (k, l)	扩充	A ([i, j], :)	部分行
A (:, [i, j])	部分列	A ([i, j], [s, t])	子块

例如，输入：

A=fix（10 * rand（4））

A（2：3,:)

运行结果如下：

A =

```
4    6    6    6
9    0    7    1
7    8    7    7
9    9    3    0
```

ans =

9	0	7	1
7	8	7	7

注：MATLAB 代码为 c04. m。

2. 矩阵操作

在 MATLAB 中，矩阵的操作包括取值、更改、删除、增加、拉伸、拼接等。

表 2-3　　　　　　　　　MATLAB 矩阵元素的一些操作方式

指令	功能	指令	功能
A (i1: i2, :) = [ ]	删除 i1~i2 行	A (:, j1: j2) = [ ]	删除 j1~j2 列
A (:)	拉伸为列	[A B]	拼接矩阵
diag (A)	对角阵	triu (A)	上三角阵
tril (A)	下三角阵		

例如，输入：

A = [1 2 3

4 5 6

7 8 9]

运行后，输入：

A (3，3) = 100

运行结果如下：

A =

1	2	3
4	5	6
7	8	100

输入：

A (4，4) = 100

运行结果如下：

A =

1	2	3	0
4	5	6	0
7	8	100	0
0	0	0	100

输入：

A (3,:) = [ ]

运行结果如下：

A =

1	2	3	0
4	5	6	0
0	0	0	100

输入：

b=［2 2 2 2］

［A；b］

运行结果如下：

b =

2	2	2	2

ans =

1	2	3	0
4	5	6	0
0	0	0	100
2	2	2	2

输入：

A（：）

运行结果如下：

ans =

1

4

0

2

5

0

3

6

0

0

0

100

练习：说出 MATLAB 运行结果。

x=−3：3

y1=abs（x）>1

y2=x（［1 1 1 1］）

y3=x（abs（x）>1）

（x>0）&（x<2）

x（abs（x）>1）=［ ］

注：MATLAB 代码为 c05. m。

说明：MATLAB 矩阵有多种应用，试观察下列指令运行结果：

d1 =［exp（3 * i）；3 * 4］

d2 =［'abs' 4 56］

syms x y

d3 =［x^2 sin（x）］

d4 = {1 2 3；4 5 6；7 8 9}

d5 = {1:3 'abs' ［56 76］}

d5 {1}

注：MATLAB 代码为 c06. m。

三、矩阵运算

1. 基本运算

在 MATLAB 中，矩阵的基本算术运算有：加" + "、减" - "、乘" * "、右除" / "、左除" \ "、乘方"^"、转置" ' "。

例如，输入：

A =［1 2 3；4 5 6；7 8 9］；

A^2

运行结果如下：

ans =

30	36	42
66	81	96
102	126	150

注：MATLAB 代码为 c07. m。

2. 对应运算

矩阵的乘积法则是"左行右列"，即两矩阵的乘积矩阵的每个元素等于左矩阵的行和右矩阵的列对应乘积后之和。事实上，在 MATLAB 中，还有一种矩阵乘积运算，称为对应乘积，其运算法则为"对应元素乘积"。运算符为". * "，又称为点乘运算。

MATLAB 矩阵对应元素包括：点乘". * "、点除". / "、点除". \ "、点次方". ^"。

矩阵的一些函数运算，如 sin、cos、tan、exp、log、sqrt 等，是针对矩阵内部的每个元素进行的，也是对应运算。矩阵的关系运算、逻辑运算也是对应运算。

例如，输入：

A =［1 2 3；4 5 6；7 8 9］；

A. ^2

运行结果如下：

ans =

1	4	9
16	25	36
49	64	81

3. 复杂运算

在 MATLAB 中，提供了一些矩阵运算的函数指令。见表2-4。

表2-4　　　　　　　　　　MATLAB 矩阵运算的常用函数指令

指令	功能	指令	功能
det（A）	行列式	inv（A）或 A ^（-1）	逆
size（A）	阶数	rank（A）	秩
[V, D]＝eig（A）	特征值与特征向量	rref（A）	行阶梯最简式
orth（A）	正交化	trace（A）	迹
length	数组长度		

例如，输入：

A＝［1 2 3；4 5 6；7 8 19］；

det（A），inv（A），eig（A），[V, D]＝eig（A）

运行结果如下：

ans =

　－30.0000

ans =

－1.5667	0.4667	0.1000
1.1333	0.0667	－0.2000
0.1000	－0.2000	0.1000

ans =

　23.1279

　－0.5382

　2.4102

V =

－0.1565	－0.8534	－0.1768
－0.3413	0.5124	－0.8553
－0.9268	0.0959	0.4871

D =

23.1279	0	0
0	－0.5382	0

0	0	2.4102

注：MATLAB 代码为 c08. m。

第二节　城市交通流量问题

一、模型建立

1. 问题的提出

城市道路网中每条道路、每个交叉路口的车流量调查，是分析、评价及改善城市交通状况的基础。

某城市单行线如图 2-1 所示，其中，数字表示该路段每小时按箭头方向行驶的已知车流量（单位：辆），变量表示该路段每小时按箭头方向行驶的未知车流量。

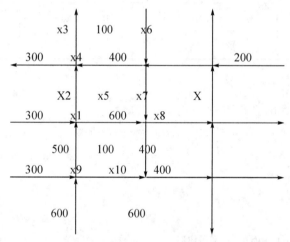

图 2-1　某城市单行线流量图

问题：

（1）建立模型确定每条道路的流量关系。

（2）哪些未知流量可以确定？

（3）为了确定所有未知流量，还需要增添哪几条道路的流量统计？

2. 模型假设

（1）每条道路都是单行线。

（2）每条区间道路内无车辆进出，车辆数保持一致。

（3）每个交叉路口进入和离开的车辆数目相等。

3. 模型建立

每条道路的流量关系为线性方程组：

$$\begin{cases} x_2 - x_3 + x_4 = 300 \\ x_4 + x_5 = 500 \\ -x_6 + x_7 = 200 \\ x_1 + x_2 = 800 \\ x_1 + x_5 = 800 \\ x_7 + x_8 = 1000 \\ x_9 = 400 \\ -x_9 + x_{10} = 200 \\ x_{10} = 600 \\ x_8 + x_3 + x_6 = 1000 \end{cases}$$

二、MATLAB 求解线性方程组

MATLAB 求线性方程组的方法或指令有多个，这里只从矩阵运算的角度探讨此问题。

1. 线性方程组

线性方程组的一般形式为：

$$\begin{cases} a_{11}x_1 + a_{12}x_2 + \cdots + a_{1n}x_n = b_1 \\ a_{21}x_1 + a_{22}x_2 + \cdots + a_{2n}x_n = b_2 \\ \cdots\cdots\cdots\cdots\cdots\cdots\cdots \\ a_{m1}x_1 + a_{m2}x_2 + \cdots + a_{mn}x_n = b_m \end{cases}$$

矩阵形式为：

$AX = b$：

$A = (a_{ij})_{m \times n} \quad b = (b_i)_{m \times 1}$

按方程数与未知数个数的关系划分为恰定方程 n=m、欠定方程 n>m、超定方程 n<m。

2. 特解

MATLAB 求线性方程组的特解的方法较为简单，为：

x = A \ b

注：当系数矩阵 A 为不可逆的方阵时，此方法失效。

3. 通解

MATLAB 求线性方程组的通解的方法要复杂一些：

先使用指令 rref（［A b］）将线性方程组的增广矩阵化为简化阶梯形，而后使用自由变量的方法得到解的一般表达式。

若全部采用 MATLAB 求解线性方程组的通解，使用两个指令：

求特解　　　　linsolve（A，b）

求导出组基础解系　　null（A，'r'）

读者可运行 MATLAB 代码 c09. m 学习 MATLAB 求线性方程组的方法。

三、模型求解

1. 求解

线性方程组的增广矩阵为：

$$\bar{A} = (Ab) = \begin{pmatrix} 0 & 1 & -1 & 1 & 0 & 0 & 0 & 0 & 0 & 0 & 300 \\ 0 & 0 & 0 & 1 & 1 & 0 & 0 & 0 & 0 & 0 & 500 \\ 0 & 0 & 0 & 0 & 0 & -1 & 1 & 0 & 0 & 0 & 200 \\ 1 & 1 & 0 & 0 & 0 & 0 & 0 & 0 & 0 & 0 & 800 \\ 1 & 0 & 0 & 0 & 1 & 0 & 0 & 0 & 0 & 0 & 800 \\ 0 & 0 & 0 & 0 & 0 & 0 & 1 & 1 & 0 & 0 & 1000 \\ 0 & 0 & 0 & 0 & 0 & 0 & 0 & 0 & 1 & 0 & 400 \\ 0 & 0 & 0 & 0 & 0 & 0 & 0 & -1 & 1 & 200 \\ 0 & 0 & 0 & 0 & 0 & 0 & 0 & 0 & 1 & 600 \\ 0 & 0 & 1 & 0 & 0 & 1 & 0 & 1 & 0 & 0 & 1000 \end{pmatrix}$$

将矩阵输入 MATLAB 中，使用指令 rref（［A b］）可将增广矩阵化为简化阶梯形。

注：MATLAB 代码为 c10. m。

$$\bar{A} \rightarrow \begin{pmatrix} 1 & 0 & 0 & 0 & 1 & 0 & 0 & 0 & 0 & 0 & 800 \\ 0 & 1 & 0 & 0 & -1 & 0 & 0 & 0 & 0 & 0 & 0 \\ 0 & 0 & 1 & 0 & 0 & 0 & 0 & 0 & 0 & 0 & 200 \\ 0 & 0 & 0 & 1 & 1 & 0 & 0 & 0 & 0 & 0 & 500 \\ 0 & 0 & 0 & 0 & 0 & 1 & 0 & 1 & 0 & 0 & 800 \\ 0 & 0 & 0 & 0 & 0 & 0 & 1 & 1 & 0 & 0 & 1000 \\ 0 & 0 & 0 & 0 & 0 & 0 & 0 & 0 & 1 & 0 & 400 \\ 0 & 0 & 0 & 0 & 0 & 0 & 0 & 0 & 0 & 1 & 600 \\ 0 & 0 & 0 & 0 & 0 & 0 & 0 & 0 & 0 & 0 & 0 \\ 0 & 0 & 0 & 0 & 0 & 0 & 0 & 0 & 0 & 0 & 0 \end{pmatrix}$$

于是得到对应方程组：

$$\begin{cases} x_1 = 800 - x_5 \\ x_2 = x_5 \\ x_3 = 200 \\ x_4 = 500 - x_5 \\ x_6 = 800 - x_8 \\ x_7 = 1000 - x_8 \\ x_9 = 400 \\ x_{10} = 600 \end{cases}$$

所以，3 个未知流量 x_3，x_9，x_{10} 可以确定。

为了确定未知流量，需要增添两条道路的流量统计，比如 x_5，x_8。

于是有：

$$
x = \begin{pmatrix} 800 \\ 0 \\ 200 \\ 500 \\ 0 \\ 800 \\ 1000 \\ 0 \\ 400 \\ 600 \end{pmatrix} + k1 \begin{pmatrix} -1 \\ 1 \\ 0 \\ -1 \\ 1 \\ 0 \\ 0 \\ 0 \\ 0 \\ 0 \end{pmatrix} + k2 \begin{pmatrix} 0 \\ 0 \\ 0 \\ 0 \\ 0 \\ -1 \\ -1 \\ 1 \\ 0 \\ 0 \end{pmatrix}
$$

其中：k_1，k_2 为 x_5，x_8 的值。

第三节　投入产出模型

一、问题的提出

1. 问题

某地区有三个重要产业：煤矿、发电厂、地方铁路。

经成本核算，每开采 1 元钱的煤，煤矿要支付 0.25 元电费、0.25 元运输费；生产 1 元钱的电力，发电厂要支付 0.65 元煤费、0.05 元电费、0.05 元运输费；创收 1 元钱的运输费，铁路要支付 0.55 元煤费、0.1 元电费。

在某一周内煤矿接到外地 50 000 元订单，发电厂接到外地 25 000 元订单，外界对地方铁路没有需求。

问题：

（1）三个企业一周内总产值各为多少才能满足自身及外界需求？

（2）三个企业间相互支付多少金额？

（3）三个企业各创造多少新价值？

2. 分析

煤矿、电厂、铁路之间相互依存，我们使用表格来表示，见表 2-5。

表 2-5　　　　　某地区煤矿、电厂、铁路投入产出情况表　　　　　单位：元

	煤矿	电厂	铁路	订单	总产值	新创价值
煤矿	0	0.65	0.55	50 000	?	?

表2-4(续)

	煤矿	电厂	铁路	订单	总产值	新创价值
电厂	0.25	0.05	0.10	25 000	?	?
铁路	0.25	0.05	0	0	?	?

解决此类问题的理论被称为投入产出模型。

二、投入产出模型

1936 年瓦醒·列昂季耶夫（Wassily Leontief）在研究多个经济部门之间的投入产出关系时，提出了投入产出模型，并因此获得了 1973 年的诺贝尔经济学奖。

投入产出模型是反映国民经济系统内各部门之间的投入与产出的依存关系的数学模型。投入是指各个经济部门在进行经济活动时的消耗，如原材料、设备、能源等；产出是指各经济部门在进行经济活动时的成果，如产品等。投入产出模型由两部分构成：平衡表、平衡方程，分价值型和实物型。

1. 投入产出表

投入产出表是反映一定时期各部门间相互联系和平衡比例关系的一种平衡表。投入产出简表见表 2-6。

表 2-6 投入产出表

投入 \ 产出		消耗部门				最终产品	总产品
		1	2	…	n		
生产部门	1	x_{11}	x_{12}	…	x_{1n}	y_1	x_1
	2	x_{21}	x_{22}	…	x_{2n}	y_2	x_2
	…	…	…	…	…	…	…
	n	x_{n1}	x_{n2}	…	x_{nn}	y_n	x_n
新增价值		z_1	z_2	…	z_n		
总产值		x_1	x_2	…	x_n		

2. 平衡方程

（1）产品分配：生产与分配使用情况

$$\sum_{i=1}^{n} x_{ij} + y_i = x_i, \quad i = 1, 2, \cdots, n$$

其中，x_{ij} 为部门间流量，y_i 为最终产品，x_i 为总产值。

（2）产品消耗或产值构成：价值形成过程

$$\sum_{i=1}^{n} x_{ij} + z_j = x_j, \quad j = 1, 2, \ldots, n$$

其中，z_j 为新创价值。

（3）综合

$$\sum_{i=1}^{m} y_i = \sum_{j=1}^{n} z_j$$

3. 平衡方程的矩阵形式

（1）直接消耗系数：代表部门间的单位流量

$$a_{ij} = \frac{x_{ij}}{x_j}$$

其中，a_{ij} 为直接消耗系数。

于是：$x_{ij} = a_{ij} x_j$

令：$A = (a_{ij})_n$，$X = \begin{pmatrix} x_1 \\ x_2 \\ \cdots \\ x_n \end{pmatrix}$，$Y = \begin{pmatrix} y_1 \\ y_2 \\ \cdots \\ y_n \end{pmatrix}$，$Z = \begin{pmatrix} z_1 \\ z_2 \\ \cdots \\ z_n \end{pmatrix}$

则有：

$$(x_{ij})_n = (a_{ij})_n \begin{pmatrix} x_1 & & & \\ & x_2 & & \\ & & \cdots & \\ & & & x_n \end{pmatrix}$$

（2）分配方程：

$$\sum_{i=1}^{n} x_{ij} + y_i = x_i, \ i = 1, 2, \cdots, n$$

$$\sum_{j=1}^{n} a_{ij} x_j + y_i = x_i$$

$$AX + Y = X$$

$$(E - A)X = Y$$

于是，总产出向量为：

$$X = (E - A)^{-1} Y$$

（3）消耗方程：

$$\sum_{i=1}^{n} x_{ij} + z_j = x_j, \ j = 1, 2, \ldots, n$$

$$\sum_{i=1}^{n} a_{ij} x_j + z_j = x_j$$

$$\left(1 - \sum_{i=1}^{n} a_{ij}\right) x_j = z_j$$

若令：

$$W = \begin{pmatrix} x_1 & & \\ & \ddots & \\ & & x_n \end{pmatrix}, \ I = \begin{pmatrix} 1 \\ \vdots \\ 1 \end{pmatrix}^T$$

则有：

$(IAW)^T + Z = X$

于是，新创价值向量为：

$Z = X - (IAW)^T$

三、模型建立与求解

1. 模型

建立投入产出模型（投入产出表见表 2-7）：

表 2-7 煤矿、电厂、铁路投入产出表

投入＼产出		消耗部门			最终产品	总产品
		煤矿	电厂	铁路		
生产部门	煤矿	x_{11}	x_{12}	x_{13}	5 000	x_1
	电厂	x_{21}	x_{22}	x_{23}	25 000	x_2
	铁路	x_{31}	x_{32}	x_{33}	0	x_n
新增价值		z_1	z_2	z_n		
总产值		x_1	x_2	x_n		

$$A = \begin{pmatrix} 0 & 0.65 & 0.55 \\ 0.25 & 0.05 & 0.10 \\ 0.25 & 0.05 & 0 \end{pmatrix}, \ Y = \begin{pmatrix} 50000 \\ 25000 \\ 0 \end{pmatrix}$$

求：

$$X = \begin{pmatrix} x_1 \\ x_2 \\ \cdots \\ x_n \end{pmatrix}, \ Z = \begin{pmatrix} z_1 \\ z_2 \\ \cdots \\ z_n \end{pmatrix}$$

2. 求解

使用 MATLAB 求解。

首先，将矩阵 A，Y 输入 MATLAB 中。

（1）三个企业一周的总产值

$X = (E - A)^{-1} Y$

在 MATLAB 中输入：

X =（eye（3）-A）\ Y

round（X）

运行结果如下：

ans =

102087

56163

28330

注: round 为四舍五入取整指令。

即煤矿、发电厂、地方铁路一周的总产值分别为 102 087 元、56 163 元、28 330元。

(2) 三个企业间相互支付的金额

$$(x_{ij})_n = (a_{ij})_n \begin{pmatrix} x_1 & & & \\ & x_2 & & \\ & & \cdots & \\ & & & x_n \end{pmatrix}$$

在 MATLAB 中输入:

P = A * diag (X)

round (P)

运行结果如下:

ans =

0	36506	15582
25522	2808	2833
25522	2808	0

即煤矿支付煤矿、发电厂、地方铁路的金额分别为 0 元、25 521 元、25 521 元，发电厂支付煤矿、发电厂、地方铁路的金额分别为 36 505 元、2 808 元、2 808 元，地方铁路支付煤矿、发电厂、地方铁路的金额分别为 15 581 元、2 833 元、0 元。

(3) 三个企业新创价值

$Z = X - (IAW)^T$

这个公式比较复杂，使用 MATLAB 可以更简单。

在 MATLAB 中输入:

Z = X '-sum (P)

round (Z)

运行结果如下:

ans =

51044	14041	9916

即煤矿、发电厂、地方铁路一周内新创价值分别为 51 044 元、14 041 元、9 916 元。

注: MATLAB 代码为 c11. m。

习题二

1. 使用 MATLAB 进行矩阵运算

$$设 A = \begin{bmatrix} 1 & 1 & 1 & 1 \\ 1 & 1 & -1 & -1 \\ 1 & -1 & 1 & -1 \\ 1 & -1 & -1 & 1 \end{bmatrix}, B = \begin{bmatrix} 3 & -1 & 3 & -1 & -1 \\ -1 & 3 & -3 & 1 & 2 \\ 1 & 1 & 3 & 3 & 2 \\ 3 & 1 & 1 & -1 & 0 \end{bmatrix}, b = \begin{bmatrix} 1 \\ 2 \\ 0 \\ 3 \end{bmatrix}$$

（1）求 Ab。

（2）取 B 的前 4 列为 C，计算 $A + C$，$A - \dfrac{C}{3}$，A 与 C 对应元素乘积。

（3）求 A 的行列式、逆矩阵、秩、特征值、特征向量。

（4）求 A 的伴随矩阵。

（5）生成主对角线元素为 1 到 100，其余元素均为 10 的 100 阶方阵。

2. 使用 MATLAB 解线性方程组

$$B = \begin{bmatrix} 3 & -1 & 3 & -1 & -1 \\ -1 & 3 & -3 & 1 & 2 \\ 1 & 1 & 3 & 3 & 2 \\ 3 & 1 & 1 & -1 & 0 \end{bmatrix}, b = \begin{bmatrix} 1 \\ 2 \\ 0 \\ 3 \end{bmatrix}$$

（1）求 $BX = b$ 特解。

（2）求 $BX = b$ 通解。

3. 使用 MATLAB 验证 3σ 法则

（1）生成 1 000 阶标准正态随机阵 $(a_{ij})_n$。

（2）计算元素 $|a_{ij}| < 3$ 的比例。

4. 设某工厂有三个车间，在某一个生产周期内各车间之间的直接消耗系数及最终需求见表 2-8。

表 2-8　　　　　车间直接消耗系数及最终需求表

直接车间消耗系数　车间	一	二	三	最终需求（千元）
一	0.25	0.1	0.1	235
二	0.2	0.2	0.1	125
三	0.1	0.1	0.2	210

求：

（1）各车间的总产值。

（2）各车间之间相互支付的金额。

5. 表 2-9 给出的是某城市一年度的各部门之间产品消耗量和外部需求量（均以产品价值计算），表中每一行的数字是某一个部门提供给各部门和外部的产品价值。

表 2-9　　　　某城市各部门间产品消耗量和外部需求量信息表　　　　单位：万元

	农业	轻工业	重工业	建筑业	运输业	商业	外部需求
农业	45.0	162.0	5.2	9.0	0.8	10.1	151.9
轻工业	27.0	162.0	6.4	6.0	0.6	60.0	338.0
重工业	30.8	30.0	52.0	25.0	15.0	14.0	43.2
建筑业	0.0	0.6	0.2	0.2	4.8	20.0	54.2
运输业	1.6	5.7	3.9	2.4	1.2	2.1	33.1
商业	16.0	32.3	5.5	4.2	12.6	6.1	243.3

（1）试列出投入产出简表，并求出直接消耗矩阵。

（2）根据预测，从这一年度开始的五年内，农业的外部需求每年会下降 1%，轻工业和商业的外部需求每年会递增 6%，而其他部门的外部需求每年会递增 3%。试由此预测这五年内该城市和各部门的总产值的平均每年增长率。

（3）编制第五年度的计划投入产出表。

第三章 MATLAB 符号运算与绘图

本章介绍 MATLAB 符号运算功能和基本的绘图功能。

第一节 MATLAB 符号运算

MATLAB 符号运算功能主要基于符号数学工具箱（Symbolic Math Toolbox），其核心代码来源于数学软件 Maple。

一、符号对象

MATLAB 中有许多数据类型，包括整型、浮点、逻辑、字符、日期和时间、结构数组、单元格数组、函数句柄以及符号型等。

符号运算有符号型、字符串两种基本形式。

1. 感受符号

例 3.1 在 MATLAB 中感受符号。

解 在 MATLAB 中，输入：

y = x^2

运行后报错，显示红色字体：

??? Undefined function or variable 'x'.

由此可以看出，MATLAB 中使用符号必须定义。

在 MATLAB 中，分别定义两种符号表达式：

y = ' x^2 ' %字符串

z = sym（' x^2 '） %符号型

运行结果显示：

y =

x^2

z =

x^2

若在 MATLAB 中继续输入：

y+1

z+1

运行结果显示：

ans =

    121   95   51

ans =

x^2 + 1

若在 MATLAB 中，继续输入：

limit（y）   %计算函数在 0 点的极限

运行后报错，显示红色字体：

??? Undefined function or method 'limit' for input arguments of type 'char'.

若在 MATLAB 中，继续输入：

limit（z）   %计算函数在 0 点的极限

运行结果显示：

ans =

0

若在 MATLAB 中，继续输入：

fplot（y，[-1，1]）   %在 [-1，1] 绘制函数图形

运行后将会显示函数图形。

若在 MATLAB 中，继续输入：

fplot（z，[-1，1]）   %在 [-1，1] 绘制函数图形

运行后报错，显示红色字体：

??? Error using ==>fcnchk at 108

If FUN is a MATLAB object，it must have an feval method.

Error in ==>fplot at 61

fun = fcnchk（fun）;

注：以上 MATLAB 代码为 c01. m。

说明：MATLAB 中使用符号必须定义。符号运算有符号型、字符串两种基本形式。

符号型、字符串两种基本形式在 MATLAB 符号运算中，呈现不同的表现特征。例如，符号型支持四则运算，而字符串在四则运算中进行的是 ASCII 的运算。

有些 MATLAB 的函数指令只支持符号型或字符串其中一种形式。例如，fplot 指令只支持字符串形式，limit 指令只支持符号型形式。

2. 定义符号

（1）定义符号变量

在 MATLAB 中，定义符号变量的方式有：

符号型变量   syms x y z

字符串   x = 'x'

清除符号变量   clear

（2）定义符号表达式

在 MATLAB 中，定义符号表达式的方式有：

符号型　　　　　　syms x，f = …　或　f = sym（'…'）

字符串型　　　　　f = '…'

在 MATLAB 中，函数可以以多种形式定义，除以上两种定义符号表达式的方式外，还可以定义内联函数、句柄函数、m 函数文件等。

内联函数　　　　　f = inline（'…'）

句柄函数　　　　　f = @（x）…

符号表达式本身不能直接计算函数值，需使用 eval 指令计算函数值，内联函数、句柄函数可以直接计算函数值。若使用内联函数、句柄函数的符号表达式，需定义自变量。

例 3.2　在 MATLAB 中，使用符号。

解　在 MATLAB 中，输入：

f1 = sym（'1/3'）

f1 + 1/2

运行结果显示：

f1 =

1/3

ans =

5/6

使用符号数值运算，可以进行精确计算。

输入：

syms x，f2 = exp（x^2）

f3 = sym（'exp（t^2）'）

f4 = 'exp（x^2）'

运行结果显示：

f2 =

exp（x^2）

f3 =

exp（t^2）

f4 =

exp（x^2）

从结果中看不出变量的类型，需使用 who、whos 或在工作空间管理窗口查看得到。

输入：

f2（1）

f4（1）

运行结果显示：

ans =

exp（x^2）

ans =

e

输入：

f5 = inline（'exp（x^2）'）

f6 = @（x）exp（x^2）

运行结果显示：

f5 =

　　　Inline function：

　　　f5（x）= exp（x^2）

f6 =

　　　@（x）exp（x^2）

输入：

f5（2）

f6（2）

运行结果显示：

ans =

　　54. 5982

ans =

　　54. 5982

注：以上 MATLAB 代码为 c02. m。

在 MATLAB 中，符号对象可以是表达式，也可以是符号矩阵、符号方程。

二、符号运算

1. 初等运算

在 MATLAB 中，符号型表达式支持四则运算。

符号基本运算为四则运算：+ − * / ^，函数复合与反函数的函数指令分别为：compose（f，g）、finverse（f）。

例 3.3　在 MATLAB 中，进行符号初等运算。

解　MATLAB 代码 c04. m 如下：

syms x

f = x^2−4 * x+3

g = x^2−1

f+g

f−g

f * g

f/g

f^2

compose （f, g）

finverse （g）

运行结果显示:

f =

x^2 - 4 * x + 3

g =

x^2 - 1

ans =

2 * x^2 - 4 * x + 2

ans =

4 - 4 * x

ans =

（x^2 - 1） * （x^2 - 4 * x + 3）

ans =

（x^2 - 4 * x + 3） / （x^2 - 1）

ans =

（x^2 - 4 * x + 3） ^2

ans =

（x^2 - 1） ^2 - 4 * x^2 + 7

Warning：finverse （x^2 - 1） is not unique.

ans =

（x + 1） ^ （1/2）

在 MATLAB 符号工具箱中，包括了许多代数式化简和代换功能，常见的见表 3-1。

表 3-1   MATLAB 函数化简指令

指令	功能	指令	功能
simplify	简化	collect	合并同类项
expand	展开	factor	分解因式
horner	嵌套表示	simple	各种简化

注：simple 指令会将 MATLAB 函数化简指令的主要结果全部显示

例3.4 在 MATLAB 中，进行函数化简。

解 MATLAB 代码 c05. m 如下：

f=sym （'x^3+1+6 * x * （x+1） '）

simplify （f）

factor （f）

expand （f）

collect （f）

horner （f）

simple （f）

运行结果显示（部分）：

f =

6 * x * （x + 1） + x^3 + 1

ans =

（x + 1） * （x^2 + 5 * x + 1）

ans =

（x + 1） * （x^2 + 5 * x + 1）

ans =

x^3 + 6 * x^2 + 6 * x + 1

ans =

x^3 + 6 * x^2 + 6 * x + 1

ans =

x * （x * （x + 6） + 6） + 1

MATLAB 还有一个很有用的指令，可以增加表达式的可读性：

符号表达式习惯格式显示 pretty。

输入：

pretty （f）

运行结果显示：

$6\ x\ (x + 1)\ +x^3 + 1$

2. 微积分运算

（1）极限

求极限：$\lim\limits_{x \to a} f(x)$

格式：limit （f, x, a, option）

说明：函数 f 表达式可为符号型。极限变量 x 可缺省，默认变量为 x，或唯一符号变量。趋势点 a 可缺省，默认变量为 0。option 为"left"左极限或"right"右极限，可缺省。

例 3.5 求极限 $\lim\limits_{x \to 0} \dfrac{\sin(x)}{x}$ 等。

解 MATLAB 代码 c06. m 如下：

syms x a

limit （sin （x） /x）

limit （sin （x） /x, a）

limit （sin （x） /x, x, a）

limit （sin （x） /x, a, 2）

limit (sin (x) /x, inf)

limit (exp (1/x), x, 0, 'right')

limit (exp (1/x), x, 0, 'left')

limit (exp (1/x), x, 0)

limit (sin (1/x))

运行结果显示:

ans =

1

ans =

sin (a) /a

ans =

sin (a) /a

ans =

sin (x) /x

ans =

0

ans =

Inf

ans =

0

ans =

NaN

ans =

limit (sin (1/x), x = 0)

注：不同版本结果显示不尽相同。

（2）导数

求导: $f^{(n)}(x)$

格式: diff (f, x, n)

说明：函数 f 表达式可为符号型、字符串。自变量 x 可缺省，默认变量为 x，或唯一符号变量。阶数 n 可缺省，默认为 1。

例 3.6　求导数 $(x\ln x)'$ 等。

解　MATLAB 代码 c07. m 如下：

syms x y a

f=x * log (x)

diff (f)

diff (f, 2)

diff (f, a, 2)

运行结果显示：

f =

x * log（x）

ans =

log（x）+ 1

ans =

1/x

ans =

0

（3）积分

求积分：$\int_a^b f(x)\,dx$

格式：int（f, x），int（f, x, a, b）

说明：函数 f 表达式可为符号型、字符串。积分变量 x 可缺省，默认变量为 x，或唯一符号变量。a，b 为积分上下限。

例 3.7　求积分 $\int_0^{2\pi} 3x\sin(x)\,dx$，$\int_0^{2\pi} \dfrac{\sin(x)}{x}\,dx$ 等。

解　MATLAB 代码 c08. m 如下：

syms x

f=3 * x * sin（x）

int（f）

int（f, 0, 2 * pi）

int（sin（x）/x, 0, 2 * pi）

vpa（ans, 5）

运行结果显示：

f =

3 * x * sin（x）

ans =

3 * sin（x）- 3 * x * cos（x）

ans =

（-6）* pi

ans =

sinint（2 * pi）

ans =

1.4182

第二节　MATLAB 图形功能

MATLAB 具有强大的绘图功能。MATLAB 可通过绘图函数和图形编辑窗口来创建和修改图形，还可直接对图形句柄进行低层绘图操作。本节介绍绘制二维图形和三维图形的绘图函数以及常见的图形控制函数的使用方法。

一、二维曲线

1. 数值绘图

在 MATLAB 中，最基本而且应用最为广泛的绘图指令为数值绘图指令 plot，其使用格式见表 3-2。

表 3-2　　　　　　　　　　MATLAB 绘图指令 plot 的基本格式

功能	格式	说明
定义自变量的取值向量	x=［……］ x=a：t：b x=linspace（a，b，n）	
定义函数的取值向量	y=［……］ y=f（x）	注意数组的对应运算：点乘、点除、点次方
绘制二维折线图指令	plot（x，y）plot（x）	参数只有 x 时，横轴为数据序号

例 3.8　绘图 $y = x\sin(x)$ 。

解　MATLAB 代码 c09.m 如下：

x=−15：15；

y=x.∗sin（x）；

plot（x，y）

运行此代码，跳出 MATLAB 图形窗口，见图 3-1。

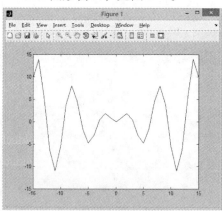

图 3-1　MATLAB 图形窗口

MATLAB 默认的图片保存文件扩展名为. fig，常见的图片浏览器打不开此文件，于是可将图片文件另存为扩展名为. jpg、bmp 等类型图片文件。

若将代码改成：

x=-15：15；

y=x.*sin（x）；

plot（x，y，'.'）

图形显示为图 3-2（1）。

若将代码改成：

x=-15：0.1：15；

y=x.sin（x）；

plot（x，y，'.'）

图形显示为图 3-2（2）。

(1)

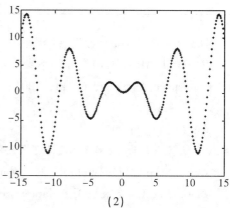

(2)

图 3-2　MATLAB 图形显示

由此可以看出，使用 plot 绘图时，并不是绘制函数 $y = x\sin(x)$ 的图形，而是绘制在函数 $y = x\sin(x)$ 取值的点的图形，只是显示的线型有差别。

2. 线型与颜色

绘图指令 plot 可以通过参数设置对曲线的线型等进行定义，其使用格式与参数选项见表 3-3、表 3-4。

表 3-3　　　　　　　　　　　MATLAB 绘图指令 plot 的参数设置格式

函数	功能	说明
plot（x，y，LineSpec）	绘制指定线型曲线	线型选项：LineSpec
plot（x，y，LineSpec，'PropertyName'，PropertyValue）	绘制指定属性曲线	属性控制：LineWidth，MarkerEdgeColor，MarkerFaceColor，MarkerSize

表 3-4 MATLAB 绘图指令 plot 的参数选项

符号	线型	符号	点型	符号	颜色
–	实线	. o x + *	点符号	r	Red
:	点线	^ v > <	三角符	g	Green
-.	点划线	s (square)	方块	b	Blue
– –	虚线	d (diamond)	菱形	c	Cyan
		p (pentagram)	五角星	m	Magenta
		h (hexagram)	六角星	y	Yellow
				k	Black
				w	White

例 3.9 使用 plot 参数设置绘图。

解 MATLAB 代码 c10. m 如下：

x＝linspace （-6 * pi，6 * pi，200）；

y＝x. * sin （x）；

plot （x，y，'r°'）

x＝［-1.2 0 1.3 1.4 1.6 2.1 2.3 2.9 3.4 4.4 5.5 5.6］；

plot （x，'p'，'LineWidth'，2，'MarkerEdgeColor'，'r'，…

'MarkerFaceColor'，'g'，'MarkerSize'，12）

图形显示为图 3-3。

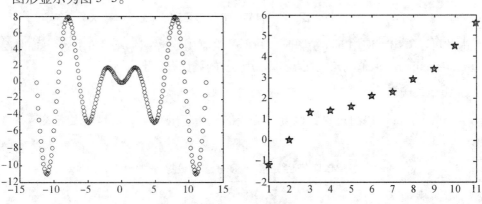

图 3-3 使用 plot 参数设置绘制的图形

3. 函数绘图

MATLAB 函数绘图指令的使用格式见表 3-5。

表 3-5　　　　　　　　　　　MATLAB 函数绘图指令

函数	功能	说明
fplot（f，[a，b]） fplot（f，[a，b]，LineSpec）	函数绘图	f：字符串 支持线型设置
ezplot（f） ezplot（f，[a，b]）	快捷绘图	f：字符串 或 符号型 支持隐函数绘图 不支持线型设置

例 3.10　绘图 $y = \sin(x^2)/x$（绘制点图）。

解　分别使用 plot、fplot 绘图，MATLAB 代码 c11.m 如下：

fplot（'sin（x^2）/x'，[-8，8]，'.'）

x=-8：0.04：8；

y=sin（x.^2）./x；

plot（x，y，'.'）

从图 3-4 中可以看出，两指令绘图效果不尽相同。

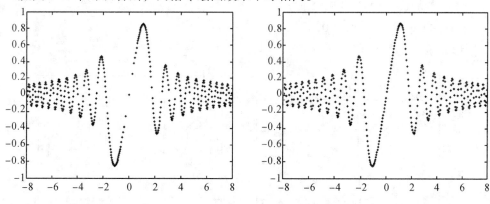

图 3-4　使用 plot、fplot 绘制的图形

例 3.11　绘图 $x^2 - y^2 = 1$。

解　MATLAB 代码 c12.m 如下：

ezplot（'x^2-y^2=1'）

图形显示为图 3-5。

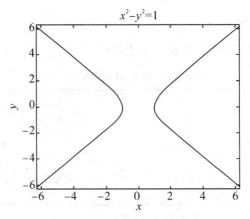

图 3-5　使用 ezplot 绘制的图形

例 3.12　绘图 $y = \tan(5x)$ 。

解　分别使用 plot、fplot、ezplot 绘图，MATLAB 代码 c13. m 如下：

x = 0：0.1：5；

y = tan（5 ＊ x）；

plot（x，y）

fplot（'tan（5 ＊ x）'，［0，5］）

ezplot（'tan（5 ＊ x）'，［0，5］）

图形显示为图 3-6。

图 3-6　使用三个指令绘制的图形

在绘制此类函数时，ezplot 具有优势。

二、 三维曲线

1. 数值绘图

与二维绘图指令 plot 相对应，在 MATLAB 中，三维曲线的数值绘图指令为 plot3，其使用格式见表3-6。

表 3-6　　　　　　　　　　MATLAB 绘图指令 plot3 的使用格式

功能	格式	说明
定义参数的取值	t=……	向量
定义坐标的取值	x＝x（t） y＝y（t） z＝z（t）	注意数组的对应运算：点乘、点除、点次方
数值绘图	plot3（x，y，z） plot3（x，y，z，LineSpec）	支持线型设置

例 3.13　观察空间曲线绘图效果。

解　MATLAB 代码 c14. m 如下：

t＝（0：0.02：2）＊pi；

x＝sin（t）；y＝cos（t）；z＝cos（2＊t）；

plot3（x，y，z，'b-'，x，y，z，'bd'）

view（［-82，58］），box on

其中，在 plot3 指令中，使用了多个图形叠绘的功能（后面介绍），view 视角设置，box on 坐标加边框。图形显示为图3-7。

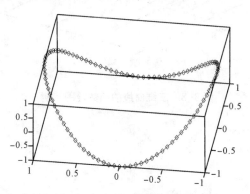

图 3-7　三维曲线的数值绘图示例

2. 函数绘图

与二维绘图指令 ezplot 相对应，在 MATLAB 中，三维曲线的函数绘图指令为 ezplot3，其使用格式见表3-7。

表 3-7   MATLAB 绘图指令 ezplot3 的使用格式

函数	功能	说明
ezplot3 (x, y, z) ezplot3 (x, y, z, [a, b])	快捷绘图	x, y, z: 含参字符串 或 符号型

例 3.14 绘图：

$$\begin{cases} x = e^{\frac{t}{10}} \\ y = \sin(t)\cos(t) \\ z = t \end{cases}$$

解   MATLAB 代码 c15. m 如下：

ezplot3 ('exp (t/10) ', 'sin (t) * cos (t) ', 't', [0, 6 * pi])

图形显示为图 3-8。

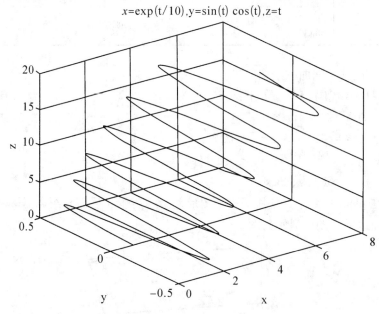

图 3-8   三维曲线的函数绘图示例

三、 三维曲面

1. 数值绘图

MATLAB 提供了 surf 指令和 mesh 指令来绘制三维曲面图。其调用格式见表 3-8。

表 3-8　　　　　　　　　　　　　　　MATLAB 曲面绘图指令

功能	格式	说明
建立由（x，y）构成的网格点	[x，y] =meshgrid（a：t：b） [x，y] =meshgrid（x，y）	矩阵
定义曲面函数的取值	z=z（x，y）	注意矩阵的对应运算：点乘、点除、点次方
绘制表面图	surf（z） surf（x，y，z）	各线条之间的补面用颜色填充
绘制网格图	mesh（x） mesh（x，y，z）	各线条之间的补面为白色

例 3.15　绘图：$z = x^2 + y^2$

解　此曲面为旋转抛物面，MATLAB 代码 c16. m 如下：

[x，y] =meshgrid（-1：0.1：1）;

z=x.^2+y.^2;

surf（x，y，z）

mesh（x，y，z）

图形显示为图 3-9。

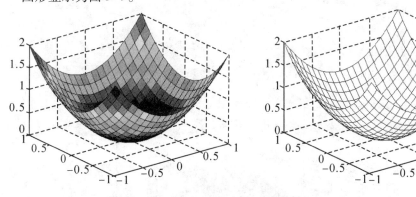

图 3-9　$z = x^2 + y^2$ 三维曲面的数值绘图

值得注意的是，通常我们画旋转抛物面的图像形如一个碗，怎么成吊床了？

例 3.16　讨论 $(x，y)$ 构成的网格点问题。

解　MATLAB 代码为 c17. m

$x，y$ 各取三点，并计算 z 值：

x=0：1：2

y=0：1：2

z=x.^2+y.^2

结果为：

x =

　　　0　　　1　　　2

y =

    0   1   2

z =

    0   2   8

事实上，在空间上只得到三点 $(0, 0, 0)$，$(1, 1, 2)$，$(2, 2, 8)$，不可能画出空间曲面图。

使用 meshgrid 指令将 (x, y) 取的点织成网格，

[x，y] = meshgrid (x，y)

得到九点：

x =

    0   1   2

    0   1   2

    0   1   2

y =

    0   0   0

    1   1   ·1

    2   2   2

使用此九点画图。

z = x.^2+y.^2

surf (x，y，z)

得到的图形为图 3-10。

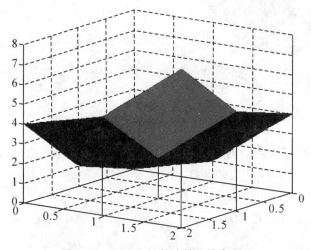

图 3-10　(x, y) 构成的网格点图形

例 3.17　绘制 $y = x$ 的平面图。

解　通过选取平面上的 4 点，构建 2 阶矩阵，绘制平面图，MATLAB 代码为 c18. m。

x = [0 1；0 1]

y = $[0\ 1;\ 0\ 1]$

z = $[0\ 0;\ 1\ 1]$

surf（x，y，z）

即可得到平面图形。

例 3.18 使用输入参数为 1 个矩阵的绘图指令格式。

解 MATLAB 代码为 c18. m

x = $[1\ 2\ 3\ 4;\ 1\ 2\ 4\ 8;\ 1\ 3\ 6\ 9]$

mesh（x）

y = peaks;%生成一个 49 阶的高斯分布矩阵

surf（y）

得到的图形为图 3-11。

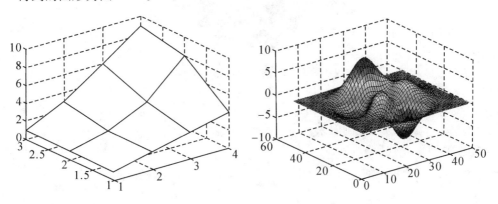

图 3-11 使用输入参数为 1 个矩阵的指令格式绘制的图形

2. 修饰

MATLAB 提供了许多曲面图形的修饰指令。其调用格式见表 3-9。

表 3-9 MATLAB 曲面图形修饰

功能	函数	说明及选项（options）
着色	shading options	interp flat faceted
透视	hidden options	on off
颜色控制	surf（x，y，z，t）	t：控制节点
色图	colormap（CM）	CM：jet hot cool hsv gray copper pink bone flag spring summer autumn winter $[R\ G\ B]$：0~1

例 3.19 绘图并使用修饰

$$z = \frac{\sin(\sqrt{x^2 + y^2})}{\sqrt{x^2 + y^2}}$$

解 MATLAB 代码为 c19. m

```
[x, y] =meshgrid (-8:. 1: 8);
R=sqrt (x.^2+y.^2) +eps;
z=sin (R)./R;
surf (z)
shading interp
axis off
```

图形显示为图 3-12。

图 3-12 使用修饰绘图示例

另外，注意 eps 的使用。

例 3.20 显示颜色控制效果。

解 MATLAB 代码为 c20. m

```
[x, y] =meshgrid (-5: 5);
z=x;
t=rand (11);
surf (x, y, z, t)
```

图形显示为图 3-13。

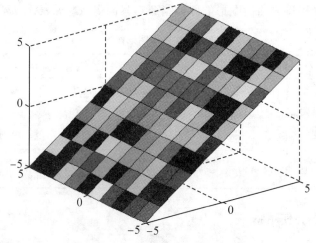

图 3-13 显示颜色控制效果示例

每次运行代码的效果会不一样。

例 3.21　体会色图控制效果。

解　MATLAB 代码为 c21.m

[x, y] ＝meshgrid (-8:. 5: 8)；

R＝sqrt (x. ^2+y. ^2) +eps；

z＝sin (R). ／R；

surf (z)

shading interp

axis off

colormap (cool)

图形显示为图 3-14。

图 3-14　色图控制效果示例

色图选项不同，效果会不一样。

3. 函数绘图

MATLAB 提供了曲面图形的函数绘图指令。其调用格式见表 3-10。

表 3-10　　　　　　　　　　　MATLAB 曲面图形的函数绘图指令

函数	功能	说明
绘制表面图	ezsurf (f) ezsurf (f, [a, b])	f: 含参字符串或符号型
绘制网格图	ezmesh (f) ezmesh (f, [a, b])	f: 含参字符串或符号型

例 3.22　函数绘图并与数值绘图比较

$z = real(\arctan(x + iy))$

解　MATLAB 代码为 c22.m

ezsurf ('real (atan (x+i∗y)) ')

[x, y] ＝ meshgrid (linspace (-2∗pi, 2∗pi, 60))；

z ＝real (atan (x+i.∗y))；

surf (x, y, z)

axis tight

得到两个图形，见图 3-15。

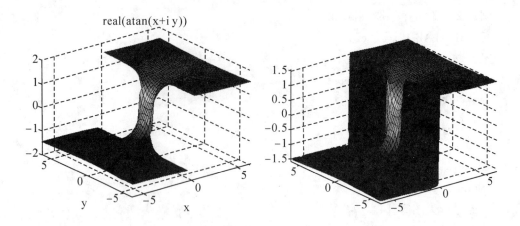

图 3-15　函数绘图与数值绘图的图形比较

四、其他

1. 显示多个图形

MATLAB 显示的多个图形有三种形式，见表 3-11。

表 3-11　　　　　　　　　　　　MATLAB 显示多个图形

	函数	功能
同一窗口叠绘	w＝［f；g］；plot（x，w）	二维折线图
	plot（x，y，LineSpec，x，z，LineSpec…）	二维折线图
	hold　on	保持图形
	hold　off	关闭保持图形功能
同一窗口多个子图	subplot（m，n，p）	分块绘图
指定图形窗口绘图	figure（k）	图形窗口
窗口控制	clf	删除图形
	close	关闭图形窗口

例 3.23　绘图 $y = k\cos(x)$，$k = 0.4：0.1：1$，$x \in [0, 2\pi]$。

解　MATLAB 代码 c23.m 如下：

```
x＝0：0.1：2*pi；
k＝0.4：0.1：1；
y＝cos（x）'*k；
plot（x，y）
```

图形显示为图 3-16。

图 3-16 $y = k\cos(x)$ 的图形

例 3.24 用图形表示连续调制波形 $y = \sin(t)\sin(9t)$ 及其包络线。

解 MATLAB 代码 c24. m 如下：

```
t= (0：pi/100：pi)';
y1=sin (t) * [1, -1];
y2=sin (t). * sin (9 * t);
t3=pi * (0：9) /9;
y3=sin (t3). * sin (9 * t3);
plot (t, y1, 'r：', t, y2, 'b', t3, y3, 'bo')
axis ( [0, pi, -1, 1] )
```

图形显示为图 3-17。

图 3-17 $y = \sin(t)\sin(9t)$ 的图形

例 3.25 再次讨论 $z = x^2 + y^2$。

解 通常我们画旋转抛物面形如一个"碗"，需要 (x, y) 在圆内取值。即 r, θ 两个量均匀取值，一个是圆内均匀取圆环，另一个是圆周上均匀取点：$x = r\cos\theta$, $y = r\sin\theta$。

MATLAB 代码 c25. m 如下：

```
n=30;
```

```
k = 0；
for r = 0：1/n：1
    k = k+1；
    x (k,:) = r * cos (linspace (0, 2 * pi, n) );
    y (k,:) = r * sin (linspace (0, 2 * pi, n) );
end
z = x.^2+y.^2；
surf (x, y, z)
axis equal
shading interp
colormap (winter)
%axis off
```

图形显示为图 3-18。

图 3-18 $z=x^2+y^2$ 的图形

2. 图形的标记和坐标控制

MATLAB 图形窗口可以对图形的标记、对坐标进行控制，见表 3-12。

表 3-12 MATLAB 图形控制

功能	函数	说明及 options
视角控制	view （[az, el]） view （[vx, vy, vz]）	设置：方位角。仰角设置：坐标
坐标控制	axis （[xmin xmax ymin ymax zmin zmax cmin cmax]） axis options	坐标范围 auto manual tight fill ij xy equal image square vis3d normal off on
坐标轴标注	title （'f 曲线图'） xlabel （'x 轴'）ylabel （'y 轴'）zlabel （'z 轴'）	加图名，坐标轴加标志
坐标标注	text(x, y, 'string') text(x, y, z, 'string')	定位标注

3. 其他绘图指令

MATLAB 还有许多其他的绘图指令，见表 3-13。

功能	函数	说明
极坐标	polar（theta，rho，LineSpec） h = polar（…）	绘图取值
球面	sphere（n） [X，Y，Z] = sphere（n）	单位球取值

表 3-13　MATLAB 其它绘图指令

例 3.26　极坐标绘图

$r = \cos(2\theta)$

$r = 2(1 + \cos\theta)$

解　MATLAB 代码 c26.m 如下：

t=0：0.02：2 * pi；

subplot（1，2，1）

polar（t，cos（2 * t），'g * '）

subplot（1，2，2）

polar（t，2 * （1+cos（t）），'r * '）

图形显示为图 3-19。

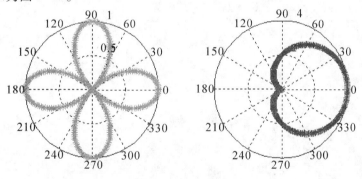

图 3-19　极坐标绘图示例

例 3.27　绘制球面。

解　MATLAB 代码 c27.m 如下：

sphere（30）

axis equal

shading interp

图形显示为图 3-20。

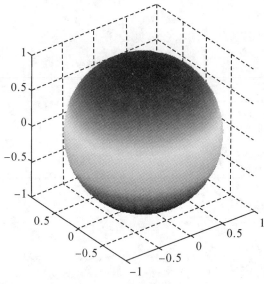

图 3-20　球面绘图示例

习题三

1. 使用 MATLAB 计算。

（1）因式分解：$y = 2x^5 - x^4 + 6x^2 - 7x + 2$

（2）$\lim\limits_{x \to 0^+} (\cos x)^{\frac{1}{x^2}}$

（3）$y = e^{-x^2}$，求：y''

（4）$\int_0^{\infty} te^{-2t} dt$

（5）$\iint\limits_{D} \dfrac{1}{1 + x^2 + y^2} dxdy$，其中 D：$x^2 + y^2 \leq 1$

2. 使用 MATLAB 绘图。

（1）曲线 $y = \dfrac{\sin x^2}{x + 1}$，$0 < x < 5$；（红色，'o' 线，标记 x y 轴、曲线名）

（2）在同一窗口中绘制曲线 $0 \leq x \leq 20$：

$y1 = e^{-0.1x}\sin x$（红色，'.' 点线）；$y2 = e^{-x}\sin 5x$（蓝色，点划线）

（3）曲线 $x = t\cos(2t)$，$y = t\sin(2t)$；（参数方程曲线，t 为参数）（蓝色，∗点线）

（4）空间曲线 $x = \sin t$，$y = \cos t$，$z = t$；

（5）曲面 $z = \sqrt{|xy|}$；（x y 均在 [-2，2]，去掉网格，无刻度，色系为 cool）

（6）上题中加入一个原点为球心、半径为 1 的球；（去掉网格，无刻度，色系为 flag）

（7）曲面 $z = xy\sin(xy)$；（$-2 \leq x$，$y \leq 2$）

（8）曲线 $r = \sqrt[4]{\sin(5\theta)}$，$0 \leq \theta \leq 2\pi$；（极坐标曲线）（紫红色，点线）

第四章 方程模型

方程求解在数学理论研究、实际应用中均是一类非常重要的问题。对于工程技术和社会经济领域中的许多问题，当不考虑时间因素的变化，作为静态问题处理时，这些问题常常可以建立代数方程模型；当考虑时间因素的变化，作为动态问题处理时，这些问题常常可以建立微分方程模型。方程求解也是 MATLAB 软件符号运算、数值运算关注的一个重要问题。本章介绍 MATLAB 代数方程与微分方程的求解函数，并介绍几个方程模型的建立和求解。

第一节 MATLAB 求解方程

MATLAB 方程求解包括代数方程、微分方程的符号解、数值解。

一、代数方程

1. 代数方程的符号求解

在 MATLAB 中，代数方程的符号求解函数及使用格式见表 4-1。

表 4-1　　　　　　　　　MATLAB 代数方程的符号求解函数

格式	说明
solve（eq）	方程 eq 支持符号型、字符串
solve（eq, var）	var 为自变量，可缺省
solve（eq1, eq2, …, eqn） solve（eq1, eq2, …, eqn, var1, var2, …, varn）	求解方程组时输出的结果为结构型数据，可以使用变量数组来接收

例 4.1　解方程

（1）$2x^4 + x^2 + 7x - 3 = 0$

（2）$\begin{cases} x + 2y + 2z = 10 \\ 2x - y + z = 0 \end{cases}$

解　MATLAB 求解代码为 c01.m。

（1）方程求解采用不同的格式，代码如下：

```
syms x
f1 = 2 * x^4+x^2+7 * x-3
```

```
solve（f1，x）
f2 ='2 * x^4+x^2+7 * x-3'
solve（f2）
solve（'2 * x^4+x^2+7 * x-3=0'）
vpa（ans，5）
```

运行结果相同：

```
ans =
    -1.5463
     0.5738+1.4506i
     0.5738-1.4506i
     0.3987
```

（2）线性方程组在第二章中已讨论过，现在我们使用符号求解的方式来求解，代码如下：

```
solve（'x+2 * y+2 * z=10，2 * x-y+z=0'）
```

运行结果如下：

```
ans =
x：[1x1 sym]
y：[1x1 sym]
```

结果为结构型数据，可以采用结构型数据的显示方式，编写代码：

```
s=solve（'x+2 * y+2 * z=10，2 * x-y+z=0'）
s. x
s. y
```

运行结果如下：

```
s =
x：[1x1 sym]
y：[1x1 sym]
ans =
2 - (4 * z) /5
ans =
4 - (3 * z) /5
```

也可以使用变量数组来接收，编写代码：

```
[x，y] =solve（'x+2 * y+2 * z=10，2 * x-y+z=0'）
```

运行结果如下：

```
x =
2 - (4 * z) /5
y =
4 - (3 * z) /5
```

由此可以看出，使用 MATLAB 求解时，将 z 变量作为自由变量，得到线性方程组的通解。

2. 代数方程的数值求解

在 MATLAB 中，代数方程的数值求解函数及使用格式见表 4-2。

表 4-2　　　　　　　　　　　MATLAB 代数方程的数值求解函数

格式	说明
fsolve（fun，x0） fzero（fun，x0）	方程 fun 支持字符串 x0 为初值，不能缺省 fzero 单变量，fsolve 可多变量 两函数内部算法不同

例 4.2　解方程 $\tan(2*x)=\sin(x)$。

解　MATLAB 求解代码为 c02.m。

首先使用符号解，代码如下：

g='tan（2*x）=sin（x）'

solve（g）

vpa（ans，5）

运行结果如下：

ans =

acos（1/2 - 3^（1/2）/2）

acos（3^（1/2）/2 + 1/2）

　　　0

-acos（1/2 - 3^（1/2）/2）

-acos（3^（1/2）/2 + 1/2）

ans =

　　1.9455

　0.83144*i

　0

　　-1.9455

-0.831 44*i

使用图形显示解的情况，编写代码如下：

ezplot（'sin（x）'）

hold on

ezplot（'tan（2*x）'）

运行后显示的图形见图 4-1。

由此可以看出，两曲线交点有无穷个，方程应有无穷多解。

若求方程在 100 点附近的解，便可使用方程的数值求解方法，代码如下：

g='tan（2*x）-sin（x）'

fsolve（g，100）

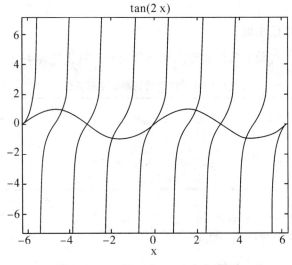

图 4-1 $\tan\,(2*x)\,=\sin\,(x)$ 图形

fzero（g，100）

运行结果如下：

ans =

　　100.5310

ans =

　　97.3894

二、微分方程

1. 微分方程的符号求解

在 MATLAB 中，微分方程的符号求解函数及使用格式见表 4-3。

表 4-3　　　　　　　　　　MATLAB 微分方程的符号求解函数

格式	说明
dsolve（'eq'） dsolve（'eq'，'x'） dsolve（'eq'，'y（x0）=y0'，'…'） dsolve（'eq1'，'eq2'，…，'cond1'，'cond2'，…，'v'）	方程 eq 支持字符串 x 为自变量，缺省为 t 导数记号为 Dy，D2y，Dny 微分方程组求解结果为结构型数据 解为符号型

例 4.3　解微分方程 $y^{''}=-4y$。

解　MATLAB 求解代码为 c03. m。

观察自变量，代码如下：

dsolve（'Dy=x'）

dsolve（'Dy=x'，'x'）

运行结果如下：

ans =

C4 + t * x

ans =

x^2/2 + C16

解初值问题，代码如下：

g = 'D2y = -4 * y'

dsolve（g）

y = dsolve（g，'y（0）= 1，Dy（pi/3）= 0'）

运行结果如下：

ans =

C10 * cos（2 * t）+ C11 * sin（2 * t）

y =

cos（2 * t）- 3^（1/2）* sin（2 * t）

微分方程组求解结果为结构型数据，代码如下：

[x，y]= dsolve（'Dx = y'，'Dy = x'）

[x，y]= dsolve（'Dx = y'，'Dy = x'，'x（0）= 0'，'y（0）= 1'）

运行结果如下：

x =

C5 * exp（t）- C6/exp（t）

y =

C5 * exp（t）+ C6/exp（t）

x =

exp（t）/2 - 1/（2 * exp（t））

y =

1/（2 * exp（t））+ exp（t）/2

2. 微分方程的数值求解

在 MATLAB 中，一类特殊的一阶微分方程的数值求解函数及使用格式见表 4-4。

表 4-4 　　　　　　　MATLAB 一类特殊的一阶微分方程的数值求解函数

格式	说明
[T，Y]= solver（odefun，tspan，y0）	solver：ode23，ode45，ode113，ode15s，ode23s，ode23t，ode23tb odefun：微分方程自由项函数句柄 tspan：区间 y0：初始值 算法：龙格库塔法

例 4.4 　解微分方程数值解

（1）$y' = y$，$y(0) = 1$

(2) $\begin{cases} x' = -x^3 - y, \; x(0) = 1 \\ y' = x - y^3, \; y(0) = 0.5 \end{cases}$

解 MATLAB 求解代码为 c04. m。

(1) 自由项函数为内联函数，代码如下：

fun = inline（'y'，'x'，'y'）

［x，y］= ode45（fun，［0，4］，1）

plot（x，y）

运行结果为向量：

x =

        0

    0.0502

    0.1005

    0.1507

    0.2010

……

y =

    1.0000

    1.0515

    1.1057

    1.1627

    1.2226

……

利用向量点作图可看出解函数的图形，见图 4-2。

图 4-2　解函数的图形显示（1）

(2) 自由项函数为 m 函数，保存在 fun4. m 中。代码如下：

```
function f=fun4（t，x）
f=［-x（1）^3-x（2）；x（1）-x（2）^3］;%列
```
求解微分方程代码 c04.m 如下：
```
［t，x］=ode45（@fun4，［0，30］，［1；0.5］）
plot（t，x）
```
运行结果为向量，利用向量点作图可看出解函数的图形，见图 4-3。

图 4-3　解函数的图形显示（2）

第二节　简单物理模型

一、物体温度变化

例 4.5　室温 20℃，某物体从 100℃下降到 60℃需要 20 分钟时间。试问该物体下降到 30℃，还需要多长时间？

分析关键：温度变化规律。

冷却定律：物体的冷却速度与物体和环境的温差成正比。

解　设物体的温度为 $T(t)$，冷却速度为 $\dfrac{dT}{dt}$

根据冷却定律，有：

$$\begin{cases} \dfrac{dT}{dt} = -k(T-20) \\ T(0) = 100 \end{cases}$$

其中：k 为冷却系数。

利用 MATLAB 求解（代码为 c05.m）。

```
T=dsolve（'DT=-k*（T-20）'，'T（0）=100'）
```
得到的结果为：

$T(t) = 20 + 80e^{-kt}$

由于物体从 100℃ 下降到 60℃ 需要 20 分钟，

所以

$T(20) = 20 + 80e^{-20k} = 60$

$k = \dfrac{1}{20}\ln 2$

于是有：

$T(t) = 20 + 80e^{-\frac{t}{20}\ln 2}$

代入：$T(t) = 30$

得：$t = 60$

即：该物体下降到 30℃，还需要 40 分钟。

二、下滑时间

例 4.6　长为 6 米的链条从桌面上由静止状态开始无摩擦地沿桌子边缘下滑。设运动开始时，链条有 1 米垂于桌面下，试求链条全部从桌子边缘滑下需多少时间？

解　建立坐标系（见图 4-4），原点位于链条终点的初始位置。

图 4-4　"链条下滑" 问题坐标系图

令 t 时刻链条终点位置为 $x(t)$

t 时刻链条质量为：

$m = \rho(1 + x)$

其中：ρ 为链条线密度

链条受力为：

$F = mg = \rho(1 + x)g$

链条运动加速度为：

$a = x''$

根据牛顿第二定律可得：

$F = \rho(1 + x)g = 6\rho x''$

即：

$6x'' - gx - g = 0$

初始状态下：$x(0) = 0$，$x'(0) = 0$

于是，得到链条运动距离的二阶微分方程：

$$\begin{cases} 6x'' - gx - g = 0 \\ x(0) = 0 \\ x'(0) = 0 \end{cases}$$

利用 MATLAB 求解（代码为 c06. m）。

x=dsolve（'6 * D2x-g * x-g=0'，'x（0）= 0，Dx（0）= 0'）

pretty（x）

得到的结果为：

$$x = \frac{1}{2}(e^{\sqrt{\frac{g}{6}}t} + e^{-\sqrt{\frac{g}{6}}t}) - 1$$

当 $x = 6$ 时，得：

$$t = \sqrt{\frac{6}{g}}\ln(6 + \sqrt{35})$$

第三节　人口模型

人口问题是当今世界发展的重要问题。一些发展中国家的出生率过高，一些发达国家的自然增长率趋于零甚至负增长，这些对世界人口状况均产生了重大影响。我国的人口问题一直比较突出，如人口数量过多、人口结构不合理、人口分布不均衡等，人口问题研究一直是一个重要课题。

人口模型研究，始于 1798 年马尔萨斯（Malthus）人口爆炸式方程；1838 年威赫尔斯特（Verhulst）对 Malthus 方程进行了修正，得出 Logistic 方程；1920 年 A. J. 洛特卡（A. J. Lotka）和 1926 年伏尔泰拉（Volterra）分别独立地提出了两个种族进行竞争的模型；G. V. 尤尔（G. V. Yule）于 1924 年引入概率观点对人口问题进行了研究；各种比较精细的人口模型则是在 20 世纪 40 年代后建立起来的，按龄离散型人口模型由 P. H. 莱斯利（P. H. Leslie）在 1945 年完成；现代按龄连续型人口模型在 1959 年由 Van. H. 夫普尔斯特（Van. H. Fpoerster）做出。20 多年来，我国从事自然科学（主要是控制论）的学者针对我国人口现状而做出的中国人口预测模型和人口控制模型为我国人口政策提供了科学依据。

影响人口增长的因素很多，如人口的基数、人口的自然增长率以及各种扰动因素。自然增长率取决于自然死亡率和自然出生率，扰动因素主要有人口迁移、自然灾害、战争因素等。影响自然死亡率的因素有人口发展史、健康水平、营养条件、医疗设施、文教水准、遗传因素、环境污染、政策影响等；影响自然出生率的因素有政治制度、社会保障、经济条件、文教卫生、传统习惯、价值观念、城市规模、结婚年龄、节育措施、婴儿死亡率高低等。

由于影响人口增长的因素很多，研究者通常采用的方法都是建立简化模型，根据需要逐步完善。

人口模型的最基本问题是人口预测。例如，1998 年年末中国的总人口数约为 12. 5

亿，自然增长率为 9.53‰，依此预测 2000 年年末中国的总人口数：

$12.5 \times (1 + 0.009\ 53)^2 \approx 12.739\ 4$

2000 年 11 月 1 日全国总人口为 126 583 万人。预测 2003 年年末中国的总人口数：

$12.5 \times (1 + 0.009\ 53)^5 \approx 13.107\ 1$

2005 年 1 月 6 日，中国人口总数达到 13 亿；2010 年年底，中国人口总数为13.473 5亿（《统计年鉴（2011）》）。

设：基年人口数为 x_0，k 年后为 x_k，年增长率为 r

则人口增长模型为：

$$x_k = x_0 (1 + r)^k$$

此模型为最简单的人口模型。

一、指数增长模型——Malthus 模型

英国人口学家马尔萨斯（1766—1834 年）在担任牧师期间，查看了教堂一百多年人口出生统计资料，发现人口出生率稳定于一个常数。因此他于 1798 年在《人口原理》一书中提出了闻名于世的 Malthus 人口模型。

1. 模型假设

基本假设：人口的自然增长率是一个常数，或者说单位时间内人口增长量与当时人口数成正比。

2. 模型建立

设：t 时刻人口数为 $x(t)$，人口自然增长率为 r

由于自然增长率是指单位时间内人口增长量与人口数之比，

所以

$$\frac{\Delta x(t)}{x(t)\Delta t} = r$$

$$\therefore \ \frac{\Delta x(t)}{\Delta t} = rx(t)$$

等式两边取极限：$\Delta t \to 0$，得：

$$x'(t) = rx(t)$$

考虑基年人口数 x_0，得到人口模型为微分方程：

$$\begin{cases} x'(t) = rx(t) \\ x(0) = x_0 \end{cases}$$

3. 模型求解

该微分方程为一阶可分离变量的微分方程，结果易得：

$$x(t) = x_0 e^{rt}$$

为指数函数。因此，Malthus 模型又称为指数增长模型。

4. 评述

因为 $e^r \approx 1 + r$，所以　$x(t) = x_0 e^{rt} \approx x_0 (1 + r)^t$。可见，最简单的人口模型 $x_k = x_0 (1 + r)^k$ 是指数增长模型的离散形式。

Malthus 模型能够比较准确地预测短期内人口变化的规律。但长期来看，任何地区人口都不可能无限增长，并且从人口现状来看，人口的增长速度一直在减缓。显然 Malthus 模型描述人口变化已过分粗糙，需要进行改进，即修改模型的基本假设。

二、阻滞增长模型——Logistic 模型

1. 模型假设

否定人口的自然增长率是一个常数这一假设，最简单的形式就是一次函数。
基本假设：人口的自然增长率 r 是人口 $x(t)$ 的线性函数。

2. 模型建立

令人口自然增长率 r 的线性函数为：
$r(x) = r - sx (s, r > 0)$
设最大人口容量（自然资源和环境条件所能容纳的最大人口数量）为 x_m，
则有：$r(x_m) = 0$

代入线性函数表达式可得：$s = \dfrac{r}{x_m}$

于是　$r(x) = r - \dfrac{r}{x_m}x = r(1 - \dfrac{x}{x_m})$

所以

$x'(t) = r(x)x(t) = r(1 - \dfrac{x}{x_m})x$

考虑基年人口数 x_0，得到人口模型为微分方程：

$$\begin{cases} x'(t) = rx(t)(1 - \dfrac{x(t)}{x_m}) \\ x(0) = x_0 \end{cases}$$

3. 模型求解

该微分方程为一阶可分离变量的微分方程。
利用 MATLAB 求解（代码为 c07. m）。

```
X2 = dsolve ('Dx = r * x * (1-x/xm)', 'x (0) = x0')
simple (x2)
pretty (ans)
```
得到的结果为：

$$x(t) = \dfrac{x_m}{1 + (\dfrac{x_m}{x_0} - 1)e^{-rt}}$$

4. 评述

Logistic 模型是荷兰生物数学家弗赫斯特（Verhulst）于 1838 年提出的。该模型能大体上描述人口及许多物种，如森林中树木的增长、池塘中鱼的增长、细胞的繁殖等的变化规律，并在社会经济领域有广泛的应用，如耐用消费品的销售量等。基于这个模型能够描述一些事物符合逻辑的客观规律，人们常称它为 Logistic 模型。

通过图形，我们来分析 Malthus 模型与 Logistic 模型的关系。使用 MATLAB 绘图功能，代码为 c07. m。

```
figure（1），clf
r＝0.01；xm＝1；x0＝0.01；
syms x t
hold on
ezplot（r＊x＊（1-x/xm），[0，1]）
ezplot（r＊x，[0，1]）
text（0.7，8.5＊10^-3，'Malthus'）
text（0.7，2.5＊10^-3，'Logistic'）
figure（2），clf
ezplot（eval（x1），[0，1000]），hold on
ezplot（eval（x2），[0，1000]）
text（320，0.8，'Malthus'）
text（520，0.6，'Logistic'）
```

运行后显示的图形，见图 4-5。

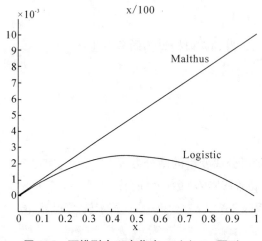

图 4-5　两模型人口变化率 $x'(t)$ ~ t 图形

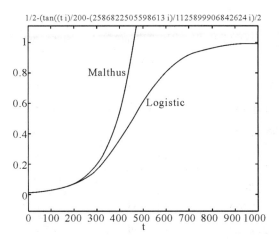

1/2-(tan((t i)/200-(2586822505598613 i)/1125899906842624 i)/2

图 4-6　两模型人口数量 $x(t) \sim t$ 函数图

图 4-6 显示，人口变化初期，Malthus 模型与 Logistic 模型刻画的人口数量非常接近。但随着时间的变化，两模型将产生较大的差异，从长期来看，Logistic 模型给出的结果相对合理。

这两个模型仅给出了人口总数的信息，而这一信息是远远不能满足各方面需求的，若想得到人口变化的更多信息，还需进一步建模分析。

三、模型的参数估计、检验和预报

应用 Malthus 模型或 Logistic 模型进行人口分析时，先要做参数估计，估计参数 r 或 r、x_m，常用的统计方法为最小二乘法。

1. 选取数据

以实际人口数据为例，表 4-5 为 1961—2002 年世界、中国、印度、美国的人口数据。

表 4-5　　　　　1961—2002 年世界、中国、印度、美国的人口数据　　　单位：百万人

年份	世界（WORLD）	中国（China）	印度（India）	美国（USA）
1961	3 080.13	672.777	452.476	189.091
1962	3 140.783	685.883	462.78	191.954
1963	3 203.5	700.221	473.292	194.714
1964	3 268.221	715.938	484.071	197.336
1965	3 334.879	733.092	495.157	199.796
1966	3 403.433	751.737	506.547	202.08
1967	3 473.771	771.715	518.221	204.203
1968	3 545.606	792.597	530.176	206.209
1969	3 618.625	813.807	542.41	208.162

表4-5(续)

年份	世界（WORLD）	中国（China）	印度（India）	美国（USA）
1970	3 692.499	834.871	554.911	210.111
1971	3 767.21	855.685	567.694	212.072
1972	3 842.657	876.2	580.745	214.043
1973	3 918.334	896.069	593.989	216.041
1974	3 993.607	914.905	607.329	218.078
1975	4 068.113	932.457	620.701	220.165
1976	4 141.594	948.563	634.072	222.312
1977	4 214.269	963.339	647.476	224.521
1978	4 286.788	977.174	660.998	226.785
1979	4 360.032	990.635	674.762	229.091
1980	4 434.675	1 004.168	688.856	231.428
1981	4 510.809	1 017.808	703.301	233.8
1982	4 588.263	1 031.519	718.072	236.208
1983	4 667.307	1 045.584	733.166	238.638
1984	4 748.187	1 060.329	748.568	241.067
1985	4 830.98	1 075.937	764.26	243.484
1986	4 915.874	1 092.599	780.243	245.877
1987	5 002.601	1 110.155	796.504	248.259
1988	5 090.24	1 127.996	812.994	250.663
1989	5 177.546	1 145.274	829.649	253.136
1990	5 263.586	1 161.381	846.418	255.712
1991	5 348.014	1 176.087	863.261	258.402
1992	5 430.971	1 189.56	880.166	261.192
1993	5 512.714	1 202.087	897.14	264.065
1994	5 593.732	1 214.131	914.2	266.991
1995	5 674.381	1 226.03	931.351	269.945
1996	5 754.69	1 237.858	948.591	272.924
1997	5 834.504	1 249.499	965.878	275.928
1998	5 913.786	1 260.886	983.11	278.948
1999	5 992.485	1 271.903	1 000.161	281.975
2000	6 070.586	1 282.473	1 016.938	285.003

表4-5(续)

年份	世界（WORLD）	中国（China）	印度（India）	美国（USA）
2001	6 148.063	1 292.585	1 033.395	288.025
2002	6 224.978	1 302.307	1 049.549	291.038

使用 MATLAB，将数据录入 MATLAB 矩阵 p 中，而后使用绘图指令显示人口的变化形态，代码为 c08.m。

t=p（:，1）;

plot（t，p（:，2），t，p（:，3），'r'，t，p（:，4），'k'，t，p（:，5），'m'）

text（1995，5500，'WORLD'）

text（1995，1500，'China'）

text（1995，1000，'India'）

text（1995，500，'USA'）

运行后显示的图形见图 4-7。

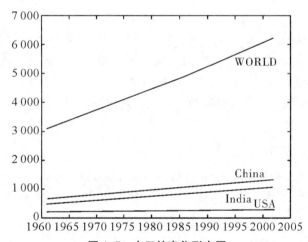

图4-7　人口的变化形态图

从图 4-7 中可以看出，世界、中国、印度、美国的人口数据均在增长，局部特征不明显。于是，我们来观察人口自然增长率的变化。使用 MATLAB 计算、绘图，代码为 c08.m。

q=（p（2:n，2:5）-p（1:（n-1），2:5））./p（1:（n-1），2:5）;

q=[p（2:n，1）q]

t2=q（:，1）;

plot（t2，q（:，2），t2，q（:，3），'r'，t2，q（:，4），'k'，t2，q（:，5），'m'）

text（1995，0.020，'India'）

text（1995，0.015，'WORLD'）

text（1980，0.013，'China'）

text（1980，0.009，'USA'）

运行后显示的图形见图 4-8。

图 4-8 自然增长率的变化形态图

从图 4-8 中可以看出，中国人口数据的变化比较畸形，在三年自然灾害后到"文化大革命"爆发之间，中国进入生育高峰期，人口快速增长；进入"文化大革命"时期，人口增长逐渐减缓；"文化大革命"后，虽然受到计划生育政策影响（1982 年计划生育定为基本国策），人口自然增长率开始下降，但受上一次生育高峰期时人口进入育龄期的影响，1984—1990 年产生又一轮生育高峰，而后一直降低。鉴于此，中国人口数据不适合做典型数据进行模型分析，我们采用世界人口数据进行模型分析。

2. 参数估计

（1）Malthus 模型参数估计

采用最小二乘法，使用 MATLAB 计算，对 Malthus 模型参数 r 进行参数估计。

使用 MATLAB 的函数文件，建立离差平方和运算函数，代码为 c09. m。

```
function y=fun1（r）

t=（1961：2002）-1961；

x=[3080.13      3140.783    3203.5      3268.221    3334.879    3403.433
   3473.771     3545.606    3618.625    3692.499    3767.21     3842.657
3918.334     3993.607    4068.113    4141.594    4214.269    4286.788
4360.032     4434.675    4510.809    4588.263    4667.307    4748.187
4830.98      4915.874    5002.601    5090.24     5177.546    5263.586
5348.014     5430.971    5512.714    5593.732    5674.381    5754.69
5834.504     5913.786    5992.485    6070.586    6148.063    6224.978]；

y=sum（（x（1）*exp（r*t）-x）.^2）；
```

绘图，观察离差平方和运算函数是否有最小值，代码为 c10. m。

```
r=0.01：0.001：0.02；

for i=1：length（r）

y（i）=c09（r（i））；
```

```
end
```
plot（r，y）

使用最优化指令 fminbnd 指令，求参数值，代码为 c10.m。

r=fminbnd（'c09（x）'，0.01，0.02）

得到的最终结果为：

$r = 0.017\ 994$

（2）Logistic 模型参数估计

采用最小二乘法，使用 MATLAB 计算，对 Logistic 模型参数 r、x_m 进行参数估计。

使用 MATLAB 的函数文件，建立离差平方和运算函数，代码为 c11.m。

```
function y=fun2（x）
t=（1961：2002）-1961；
x0=[ 3080.13    3140.783    3203.5    3268.221    3334.879    3403.433
3473.771    3545.606    3618.625    3692.499    3767.21    3842.657
3918.334    3993.607    4068.113    4141.594    4214.269    4286.788
4360.032    4434.675    4510.809    4588.263    4667.307    4748.187
4830.98    4915.874    5002.601    5090.24    5177.546    5263.586
5348.014    5430.971    5512.714    5593.732    5674.381    5754.69
5834.504    5913.786    5992.485    6070.586    6148.063    6224.978];
y=sum（（x（2）./（1+（x（2）/x0（1）-1）*exp（-x（1）*t））-x0）.^2）；
```

绘图，观察离差平方和运算函数是否有最小值，代码为 c12.m。

```
r=0.01：0.001：0.06；
xm=6000：200：20000；
for i=1：length（r）
    for j=1：length（xm）
        z（i，j）=c11（[r（i），xm（j）]）；
    end
end
surf（r，xm，z'）
contour（r，xm，z'，100）
```

使用最优化指令 fminunc 指令，编程搜索参数值，代码为 c12.m。

```
r=fminunc（@c11，[0.02，10000]）
f0=inf；
for i=0.01：0.01：0.06
    for j=8000：500：20000
        [r，f]=fminunc（@c11，[i，j]）；
        if f<f0
            f0=f；
            r0=r；
```

```
                end
            end
        end
    r = r0
```

得到的最终结果为：

$r = 0.028679$，$x_m = 11500$

3. 数据检验

将参数估计的结果分别代入 Malthus 模型及 Logistic 模型中，计算世界人口预测数据，并与实际数据比较，代码为 c13. m。

t = 1961：2002;

x = [3080. 13   3140. 783   3203. 5   3268. 221   3334. 879   3403. 433

3473. 771   3545. 606   3618. 625   3692. 499   3767. 21   3842. 657

3918. 334   3993. 607   4068. 113   4141. 594   4214. 269   4286. 788

4360. 032   4434. 675   4510. 809   4588. 263   4667. 307   4748. 187

4830. 98   4915. 874   5002. 601   5090. 24   5177. 546   5263. 586

5348. 014   5430. 971   5512. 714   5593. 732   5674. 381   5754. 69

5834. 504   5913. 786   5992. 485   6070. 586   6148. 063   6224. 978];

r = 0.017994

plot (t, x, t, x (1) * exp (r * (t-1961)), 'r *')

text (1965, 6000, 'Malthus 模型')

text (1965, 5750, '-实际数据')

text (1965, 5500, '. 预测数据')

r = [0. 028679   11500]

plot(t,x,t,r(2)./(1+(r(2)/x(1)-1) * exp(-r(1) * (t-1961))),'r *')

text (1965, 6000, 'Logistic 模型')

text (1965, 5750, '-实际数据')

text (1965, 5500, '* 预测数据')

运行后显示的图形见图 4-9、图 4-10。

图 4-9　Malthus 模型图

图 4-10　Logistic 模型图

从图中可以看出，Malthus 模型预测效果不太理想，并且偏差越来越大，Logistic 模型预测效果比较理想。

4. 人口预测

采用 Logistic 模型预测未来人口变化，数据使用 2000—2014 年世界、中国、印度、美国、日本的人口数据，数据来源：世界银行。

表 4-6　　　　2000—2014 年世界、中国、印度、美国、日本的人口数据　　单位：百万人

年份	世界	中国	印度	美国	日本
2000	6 101.96	1 267.43	1 042.26	282.16	126.84
2001	6 179.98	1 276.27	1 059.5	284.97	127.15
2002	6 257.4	1 284.53	1 076.71	287.63	127.45
2003	6 334.78	1 292.27	1 093.79	290.11	127.72
2004	6 412.47	1 299.88	1 110.63	292.81	127.76
2005	6 490.29	1 307.56	1 127.14	295.52	127.77
2006	6 568.34	1 314.48	1 143.29	298.38	127.85
2007	6 646.37	1 321.29	1 159.1	301.23	128
2008	6 725.58	1 328.02	1 174.66	304.09	128.06
2009	6 804.92	1 334.5	1 190.14	306.77	128.05
2010	6 884.35	1 340.91	1 205.62	309.35	128.07
2011	6 964.28	1 347.35	1 221.16	311.72	127.82
2012	7 042.94	1 354.04	1 236.69	314.11	127.56
2013	7 124.95	1 360.72	1 252.14	316.5	127.34
2014	7 207.74	1 367.82	1 267.4	318.86	127.13

使用最小二乘法，计算中国、印度两国人口数据的 Logistic 模型参数值：

$r = 0.036251$，$x_m = 1549.7$ 及 $r = 0.03974$，$x_m = 1781.5$

代入 Logistic 模型，预测未来。MATLAB 代码为 c14. m。

```
t=2000：2014；
t2=2000：2030；
x=p（:，3）';
r=［0.036251    1549.7］
plot(t,x,t2,r(2)./(1+(r(2)/x(1)-1)*exp(-r(1)*(t2-2000))),'r.')
hold on
x=p（:，4）';
r=［0.03974    1781.5］
plot(t,x,t2,r(2)./(1+(r(2)/x(1)-1)*exp(-r(1)*(t2-2000))),'r.')
```

text（2005，1350，'China'）

text（2005，1200，'India'）

运行后显示的图形见图 4-11。

图 4-11　中国、印度人口数据 Logistic 模型图

从图中可以看出，印度人口的增长速度高于中国，大致在 2026 年印度人口将超过中国，成为人口第一大国。

习题四

1. 使用 MATLAB 解代数方程。

（1）$23x^5 + 105x^4 - 10x^2 + 17x = 0$

（2）$\begin{cases} xy^2 + z^2 = 0 \\ x - y = 1 \\ x^2 - 5y - 6 = 0 \end{cases}$

2. 使用 MATLAB 解微分方程。

（1）$xy' = y\ln(xy) - y$

（2）$\begin{cases} y'' - y' + 2y = e^x \\ y(0) = 0.5, \ y'(0) = 1 \end{cases}$

3. 一起交通事故发生 3 个小时后，警方测得司机血液中酒精的含量是 56/100（毫克/毫升），又过两个小时，含量降为 40/100（毫克/毫升）。试判断：当事故发生时，司机是否为醉酒驾驶 [不超过 80/100（毫克/毫升）]。

4. 现有一体重为 60 千克的人，口服某药 0.1 克后，经 3 次检测得到数据如下：服药后 3 小时血药浓度为 763.9 纳克/毫升，服药 18 小时后血药浓度为 76.39 纳克/毫升，服药 20 小时后血药浓度为 53.4 纳克/毫升。设相同体重的人的药物代谢的情况相同。

（1）问一体重 60 千克的人第一次服药 0.1 克剂量后的最高血药浓度是多少？

（2）为保证药效，在血药浓度降低到 437.15 纳克/毫升时应再次口服药物，其剂量

应使最高浓度等于第一次服药后的最高浓度。求第二次口服药物的时间与第一次口服药物的时间的间隔和剂量。

5. 为迎接香港回归，柯受良于 1997 年 6 月 1 日驾车飞越黄河壶口。柯受良和其座驾合计重约 100 千克，东岸跑道长 265 米，柯受良驾车从跑道东端起动，到达跑道终端时速度为 150 千米/小时，他随即从仰角 5° 冲出，飞越跨度为 57 米安全落到西岸木桥上。问：

（1）柯受良跨越黄河用了多长时间？

（2）若起飞点高出河面 10 米，柯受良驾车飞行的最高点离河面多少米？

（3）西岸木桥桥面与起飞点的高度差是多少米？

（4）假设空气阻力与速度的平方成正比，比例系数为 0.2，重新讨论问题（1）（2）（3）的结果。

第五章　MATLAB 程序设计

MATLAB 是一种用于数值计算、可视化及编程的高级语言。

MATLAB 是最"古老"的解释性语言。在数学建模领域，MATLAB 的出现，让很多数学研究得到大力的推进，而它的流行，也正得益于它的解释性。MATLAB 采用类似 C 语言的高级语言语法，可以使用简单的英语语法，容易阅读，加上它的解释性可以及时映射计算方法结果，这让专业领域内的研究者从复杂的计算机语言中脱离出来，而只需要关心自身领域的内容。

MATLAB 的底层是 C 语言编写的，执行效率比 C 语言低，但 MATLAB 语法简单许多，使用 MATLAB 语言编程和开发算法的速度比使用 BASIC、FORTRAN、C、C++等其他高级计算机语言有大幅提高，这是因为 MATLAB 语言编程无须执行诸如声明变量、指定数据类型以及分配内存等低级管理任务。在很多情况下，支持向量运算和矩阵运算就无须使用 for 循环。因此，一行 MATLAB 代码有时等同于数行 C 代码或 C++代码。

MATLAB 工具箱和附加产品可针对信号处理与通信、图像和视频处理、控制系统以及许多其他领域提供各种内置算法。通过将这些算法与自己的算法结合使用，MATLAB 可以构建复杂的程序和应用程序。

第一节　MATLAB 程序语言

一、m 文件

在执行 MATLAB 命令时，可以直接在命令窗门中逐条输入后执行。当命令行很简单时，使用逐条输入方式还是比较方便的。但当命令行很多时，显然再使用这种方式输入 MATLAB 命令，就会显得杂乱无章，不易于把握程序的具体走向，并且给程序的修改和维护带来了很大的麻烦。针对此问题，MATLAB 提供了另一种输入命令并执行的方式：m 文件工作方式，即把要执行的命令全部写在一个文本文件中。这样，既能使程序显得简洁明了，又便于对程序的修改与维护。

所谓 m 文件就是由 MATLAB 语言编写的可在 MATLAB 语言环境下运行程序源代码文件，它是一种 ASCII 型的文本文件，其扩展名为.m。m 文件直接采用 MATLAB 命令编写，就像在 MATLAB 的命令窗口直接输入命令一样，因此调试起来也十分方便，并且增强了程序的交互性。与其他文本文件一样，m 文件可以在任何文本编辑器中进行编辑、存储、修改和读取。

m 文件有两种形式：一种是命令集文件或称脚本文件（Script），另一种就是函数文件（Function）形式。

1. 脚本文件

脚本文件是若干 MATLAB 命令的集合文件。下面用一个简单例子说明如何编写和运行脚本文件。

例 5.1 使用 m 文件，求已知三边长度的三角形面积。

操作方法如下：

（1）创建新的 m 文件。

通过 MATLAB 菜单 File \ New \ M-File 选项或单击工具栏 New Scripe 图标，新建一个 m 文件。

（2）在脚本窗口中编写如下代码：

a＝3，b＝4，c＝5，

p＝（a+b+c）/2;

s＝sqrt（p＊（p-a）＊（p-b）＊（p-c））

（3）保存至文件 c01 中：

c01. m

（4）运行。

运行有多种方式，常用的有两种。命令窗口中键入 c01 后回车，或在 m 文件窗口按 F5 键，执行结果显示在命令窗口：

a =

    3

b =

    4

c =

    5

s =

    6

脚本的操作对象为 MATLAB 工作空间内的变量，并且在脚本执行结束后，脚本中对变量的一切操作均会被保留。

2. 函数文件

相对于脚本文件而言，函数文件略为复杂。函数文件需要给定输入参数，并能够对输入变量进行若干操作，实现特定的功能，最后给出一定的输出结果或图形，等等。另外，其操作对象为函数的输入变量和函数内的局部变量等，其代码组织结构和调用方式与脚本文件也截然不同。

函数文件的代码分为两个部分：函数题头、函数体。

函数题头是指函数的定义行，是函数语句的第一行，在该行中将定义函数名、输入变量列表及输出变量列表等。

function [out1, out2, ...] = myfun (in1, in2, ...)

函数体是指函数代码段，也是函数的主体部分。

例 5.2 建立 m 函数文件：定义函数

$$f(x, y) = 100(y - x^2)^2 + (1 - x)^2$$

并计算 $f(1, 2)$。

操作方法如下：

（1）创建新的 M 文件。

（2）在脚本窗口中编写如下代码：

function　f=fun (x, y)

f=100 * （y-x^2）^2+ （1-x）^2;

（3）保存至文件 fun 中：

fun. m

（4）调用。

在命令窗口中键入 fun（1, 2）后回车，执行结果显示在命令窗口：

ans =

100

在 MATLAB 中调用函数文件时，系统查询的是相应的文件而不是函数名，建议存储函数文件时文件名应与文件内主函数名一致，以便于理解和使用。

二、流程控制语句

作为一种高级程序语言，同其他的程序设计语言一样，MATLAB 语言也给出了丰富的流程控制语句。

MATLAB 程序一般可分为三大类：顺序结构、分支结构、循环结构。顺序结构是 MATLAB 程序结构的基本形式，依照自上而下的顺序进行代码的执行；分支结构的控制语句为 if 语句及 switch 语句；循环结构的控制语句为 for 语句及 while 语句等。

1. if 语句

if 语句是分支结构的控制语句，是程序设计语言中流程控制语句之一。使用该语句，可以选择执行指定的命令。if 语句的调用格式有以下三种：

（1）简单条件语句：

if expression

　　　statements

end

表达式 expression 为逻辑判断语句。如果 expression 中的所有元素为真（非零），那么就执行 if 和 end 之间的 statements。

（2）多选择条件语句：

if expression

```
        statements1
    else
        statements2
    end
```

如果在表达式 expression 中的所有元素为真（非零），那么就执行 if 和 else 语言之间的 statements1；否则，就执行 else 和 end 语言之间的 statements2。

（3）多条件条件语句：

```
if expression1
    statements1
elseif expression2
    statements2
    ……
else
    statements3
end
```

在以上的各层次的逻辑判断中，若其中任意一层逻辑判断为真，则将执行对应的执行语句，并跳出该条件判断语句，其后的逻辑判断语句均不进行检查。

例5.3　分段函数

$$y = \begin{cases} -1 & x < 0 \\ 0 & x = 0 \\ 1 & x > 0 \end{cases}$$

输入一个 x 的值，输出符号函数 y 的值。

编写代码 c03. m 如下：

```
x = input ('x =');
if x<0
    y = -1
elseif x = = 0
    y = 0
else
    y = 1
end
```

运行该程序，提示：

```
x =
```

输入 3，回车，结果如下：

```
y =
    1
```

此函数也可以采用 m 函数文件编写。

2. switch 语句

switch 语句也是分支结构的控制语句，常用语针对某个变量的不同取值来进行不同的操作。switch 语句的调用格式为：

```
switch switch_expr
case case_expr1
    statement1
case case_expr2
    statement2
……
otherwise
    statement3
end
```

其中：switch_expr 为选择判断量，case_expr 为选择判断值，statement 为执行语句。

例 5.4　编写代码 c04. m 如下：

```
month = input ('month = ');
switch month
case {3, 4, 5}
    season =' spring '
case {6, 7, 8}
    season =' summer '
case {9, 10, 11}
    season =' autumn '
otherwise
    season =' winter '
end
```

运行该程序，提示：

```
month =
```

输入 3，回车，结果如下：

```
season =
spring
```

3. for 语句

for 语句是流程控制语句中的基础，使用该语句可以以指定的次数重复执行循环体内的语句。for 语句的调用格式为：

```
for index = values
    program statements
end
```

其中：index 为循环控制变量，values 为循环变量的取值，program statements 为循环体，index 按顺序在 values 取值，每取值一次，执行一次 program statements。

在 MATLAB 中，values 为一个矩阵，其特殊情况为一个向量，最常见的形式是：

index ＝a：t：b

即：

循环变量＝初始值：步长：终值

默认：步长＝1

例 5.5　生成一个 6 阶矩阵，使其主对角线上元素皆为 1，与主对角线相邻元素皆为 2，其余皆为 0。

编写代码 c05.m 如下：

```
for i=1：6
    for j=1：6
        if i==j
            a (i, j) =1;
        elseif abs (i-j) ==1
            a (i, j) =2;
        else
            a (i, j) =0;
        end
    end
end
a
```

运行结果如下：

```
a =
    1    2    0    0    0    0
    2    1    2    0    0    0
    0    2    1    2    0    0
    0    0    2    1    2    0
    0    0    0    2    1    2
    0    0    0    0    2    1
```

把此矩阵直接输入 MATLAB 中并不困难，但若将矩阵的阶数改为 100 或更大，程序则具有较大的优势。

例 5.6　观察代码 c06.m：

```
sum=zeros (6, 1);
for n=eye (6, 6)
    sum=sum+n;
end
sum
```

运行结果是多少？

循环变量的取值为矩阵的一列!

4. while 语句

while 语句与 for 语句不同的是，前者是以条件的满足与否来判断循环是否结束的，而后者则是以执行次数是否达到指定值为判断依据的。while 语句的调用格式为：

```
while expression
    program statements
end
```

其中：expression 为循环判断的语句，program statements 为循环体。

例 5.7 求自然数的前 n 项之和。

编写代码 c07. m 如下：

```
n = input（'n='）；
sum = 0；k = 1；
while k <= n
    sum = sum+k；
    k = k+1；
end
sum
```

运行该程序，n 取 100，结果如下：

```
sum =
        5050
```

需要说明的是，该程序是正确的，但不是一个"好"的程序，"好"的代码应该清晰易懂、算法简单、存储量小。

修改代码如下：

```
n = input（'n='）；
sum = 0；
for k = 1：n
    sum = sum+k；
end
sum
```

由于是 MATLAB，故代码如下：

```
sum（1：n）
```

然而，在命令窗口键入代码 sum（1：n）后再回车，报错：

```
??? Index exceeds matrix dimensions.
```

解决方法：在命令窗口键入

```
clear sum
```

回车，而后键入代码 sum（1：n）后回车，正确! 为什么?

读者可能会问：自然数的前 n 项之和太简单了，我知道公式，不用这么复杂? 如果该题目改成：求自然数的前 n 项 3 次方之和（或更高次方），MATLAB 仍然没有问题：

```
sum （ (1：n). ^3）
```

在 while 语句中，在语句内必须有可以修改循环控制变量的命令，否则该循环语言将陷入死循环中，除非循环语句中有控制退出循环的命令，如 break 语句。

MATLAB 提供了两个程序流控制指令 break、continue 用于控制循环语句，break 的作用是跳出循环，continue 的作用是结束本次循环、继续进行下次循环，这两个指令一般和 if 语句结合使用。

例 5.8　连续正奇数求和，从 1 开始一直到和达到 1 000 为止。问：加到哪一项？

编写代码 c08. m 如下：

```
clear
sum1 = 0;
for i = 1：100
    n = 2 * i-1;
    if sum1<1000
        sum1 = sum1+n;
    else
        break
    end
end
sum1, n
```

运行结果如下：

```
sum1  =
        1024
n  =
     65
```

然而，执行代码

```
sum （1：2：65）
```

结果为：

```
ans  =
     1089
```

即：程序是错误的，为什么？

正确的代码应为：

```
clear
sum1 = 0;
for i = 1：100
    if sum1<1000
        n = 2 * i-1;
```

```
        sum1 = sum1+n；
    else
            break
    end
end
sum1，n
```

本题的简单代码为：

```
clear
sum1 = 0；n = -1；
while sum1<1000
    n = n+2；
    sum1 = sum1+n；
end
sum1，n
```

第二节　哥德巴赫猜想

本节介绍几个编程实例。

一、绘图

例 5.9　绘制空间曲面图：

$$z = \begin{cases} e^{-0.75y^2-3.75x^2-1.5x} & x+y>1 \\ e^{-y^2-6x^2} & -1<x+y\leq1 \\ e^{-0.75y^2-3.75x^2+1.5x} & x+y\leq-1 \end{cases}$$

解　取 $-2\leq x, y\leq2$

空间曲面绘图要求在 x, y 取值点构成的网格内，计算函数 z 的值。

由于二元函数为分段函数，所以，采用 MATLAB 编程的方式解决函数 z 值的计算问题。

编写代码 c09.m 如下：

```
[x，y] = meshgrid（-2：0.2：2）；
for i=1：size（x，1）
    for j=1：size（x，2）
            if x（i，j）+y（i，j）>1
z（i，j）= exp（-0.75*y（i，j）^2-3.75*x（i，j）^2-1.5*x（i，j））；
            elseif x（i，j）+y（i，j）<=-1
            z（i，j）= exp（-0.75*y（i，j）^2-3.75*x（i，j）^2+1.5*x
```

(i, j));

      else z (i, j) = exp (−y (i, j) ^2−6. ∗ x (i, j) ^2);

      end

   end

end

surf (x, y, z)

运行结果显示如图 5-1 所示。

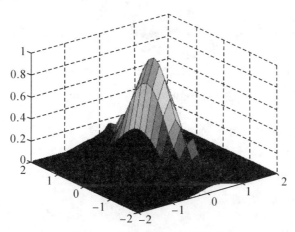

图 5-1　空间曲面图（例 5.9）

使用 MATLAB 特有的功能，也可通过矩阵的计算，实现函数 z 值的计算问题。

编写代码 c09. m 如下：

[x, y] =meshgrid (−2：0.2：2);

z=exp (−0.75 ∗ y.^2−3.75 ∗ x.^2−1.5 ∗ x).∗ (x+y>1)　…

  +exp (−0.75 ∗ y. ^2−3.75 ∗ x. ^2+1.5 ∗ x).∗ (x+y<=−1) …

  +exp (−y.^2−6. ∗ x.^2).∗ ((x+y>−1) & (x+y<=1));

surf (x, y, z)

例 5.10　在同一空间直角坐标系中，绘制曲面图单叶双曲面、椭圆锥面。

解　单叶双曲面、椭圆锥面标准方程分别为：

$$\frac{x^2}{a^2}+\frac{y^2}{b^2}-\frac{z^2}{c^2}=1,\qquad \frac{x^2}{a^2}+\frac{y^2}{b^2}-\frac{z^2}{c^2}=0$$

令 $a=1$，$b=1$，$c=2$

若取 −2≤x，y≤2，计算 z 值，绘制单叶双曲面，

[x, y] =meshgrid (−2：0.2：2);

z=real (sqrt (2 ∗ (x. ^2+y. ^2−1)));

surf (x, y, z)

得到的图形结果将是图 5-2：

这显然不是我们想得到的。

于是，采用编程的方式绘制 MATLAB 图形。

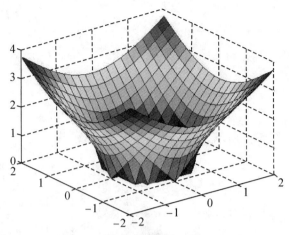

图 5-2 单叶双曲面图（例 5.10）

编写代码 c10. m 如下：

```
n=10；m=30；
k=0；
for i=-2：1/n：2
    k=k+1；
    x (k,:) = linspace (-sqrt (1+i^2/2), sqrt (1+i^2/2), 2*n+1)；
    y (k,:) = real (sqrt (1+i^2/2-x (k,:). ^2) )；
    z (k,:) = ones (1, 2*n+1) *i；
end
x= [x -x]；y= [y -y]；
z= [z z]；
mesh (x, y, z)
hidden off
hold on
clear x y z
k=0；
for i=-2：1/n：2
    k=k+1；
    x (k,:) = linspace (-sqrt (i^2/2), sqrt (i^2/2), 2*n+1)；
    y (k,:) = real (sqrt (i^2/2-x (k,:). ^2) )；
    z (k,:) = ones (1, 2*n+1) *i；
end
x= [x -x]；y= [y -y]；
z= [z z]；
surf (x, y, z)
```

运行结果显示如图 5-3 所示。

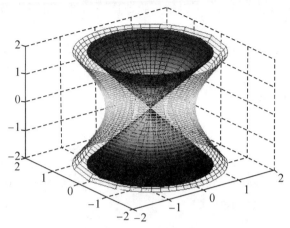

图 5-3　单叶双曲面与椭圆锥面图（例 5.10）

二、Fibonacci 数列

斐波那契（Fibonacci）数列指的是这样一个数列：

1，1，2，3，5，8，13，21…

这个数列从第三项开始，每一项都等于前两项之和。

例 5.11　生成长度为 n 的 Fibonacci 数列。

解　Fibonacci 数列通项满足：

$F(1) = F(2) = 1$

$F(n) = F(n-1) + F(n-2) \quad n \geq 3$

编写代码 fb. m 如下：

```
function f=fb (n)
if n==1
    f=1;
elseif n==2
    f= [1 1];
else
    f= [1 1];
    for i=3: n
        f (i) =f (i-1) +f (i-2);
    end
end
```

在命令窗口输入：fb（10），回车，结果如下：

```
ans =

    1    1    2    3    5    8   13   21   34   55
```

Fibonacci 数列，又称黄金分割数列。当 n 趋向于无穷大时，前一项与后一项的比值越来越逼近黄金分割数 0.618。可以编程验证这一结果，编写代码 c11.m 如下：

```
c=fb (11);
b=c (1: 10). /c (2: 11)
a=fb (101);
a (100) /a (101);
vpa (ans)
```

运行结果如下：

```
b =
     1.0000    0.5000    0.6667    0.6000    0.6250    0.6154    0.6190
0.6176    0.6182    0.6180
ans =
0.61803398874989490252573388711907
```

三、素数

例 5.12　求 $n=100$ 以内的所有素数。

解　所谓素数是指除了 1 和它本身以外不能被任何整数整除的数。因此，判断一个整数 i 是不是素数，只需把 i 被 2 和 $\sqrt{i}$ 之间的每一个整数去除，如果都不能被整除，那么 i 就是一个素数。

使用 for 语句构造循环，若不满足条件使用 break 退出，使用 MATLAB 矩阵特有的功能记录素数。算法的流程如下：

图 5-4　流程图

编写代码 c12.m 如下：

```
n=100;
prime= [2]; k=0;
for i=3: n
```

```
            for m=2：sqrt（i）
                if mod（i，m）==0
                    k=1；
                    break；
                else
                    k=0；
                end
            end
            if k==0
                prime=［prime［i］］；
            end
        end
        prime
```

运行结果如下：

prime =

2	3	5	7	11	13	17	19	23	29	31	37
41	43	47	53	59	61	67	71	73	79	83	89

97

MATLAB 自带的素数生成指令为：primes。其算法虽然更优，但算法已不是我们通常理解的算法，感兴趣的读者可以自己思考。其代码如下：

```
function p = primes（n）
if length（n）~=1
    error（'MATLAB：primes：InputNotScalar', 'N must be a scalar'）；
end
if n < 2, p = zeros（1，0，class（n））; return, end
p = 1：2：n；
q =length（p）；
p（1）= 2；
for k = 3：2：sqrt（n）
    if p（（k+1）/2）
        p（（（k*k+1）/2）：k：q）= 0；
    end
end
p =p（p>0）；
```

四、验证哥德巴赫猜想

哥德巴赫猜想：所有大偶数均为两素数之和。

例 5.13　验证哥德巴赫猜想。

解 构造循环，检验大偶数是否等于两个素数之和，若存在不满足，显示：

Goldbach conjecture error

否则，显示矩阵：第一行为大偶数，第二、三行为等于两个素数之和的两个素数，及

Goldbach conjecture right

使用 MATLAB 自带的素数生成指令：isprime。

编写代码 c13. m 如下：

```
n=1000;
for i=4：2：n
    k=0;
    for j=2：i/2
        if isprime（j）&isprime（i-j）
            m（1：3, i/2-1）=［i j i-j］';
            k=1;
            break
        end
    end
    if k==0
        disp（'Goldbach conjecture error'）
        break
    end
end
if k==1
    m
    disp（'Goldbach conjecture right'）
end
```

运行结果如下（部分结果）：

m =

992	994	996	998	1000
421	491	487	499	491
571	503	509	499	509

Goldbach conjecture right

第三节　个人所得税问题

一、个人所得税的计算

个人所得税（Personal Income Tax）是调整征税机关与自然人（居民、非居民人）

之间在个人所得税的征纳与管理过程中所发生的社会关系的法律规范的总称。

我们常说的个人所得税是指工资、薪金等所得，适用 7 级超额累进税率，按月应纳税所得额计算征税。

2011 年 9 月 1 日起调整后的 7 级超额累进个人所得税税率表见表 5-1。

表 5-1　　　　　　　　　7 级超额累进个人所得税税率表　　　　　　　单位：元

级数	全月应纳税所得额（基数 3 500 元）	年终奖	税率（%）
1	0~1 500	(0，18 000)	3
2	1 500~4 500	(18 000，54 000)	10
3	4 500~9 000	(54 000，108 000)	20
4	9 000~35 000	(108 000，420 000)	25
5	35 000~55 000	(420 000，660 000)	30
6	55 000~80 000	(660 000，960 000)	35
7	80 000 以上	(960 000，∞)	45

个人所得税按月征收。在一个纳税年度内，每一个纳税人还可享受一次一次性奖金的优惠，俗称年奖金。按月征收的税率为超额累进税率，而年奖金税率为一次性税率。

例 5.14　建立 MATLAB 纳税额计算函数。

解　程序是一个多条件分支语句。

按月征收纳税额计算函数的编写代码 t1. m 如下：

```
function f=tax （x）
t=x-3500；
if t<=0
    f=0；
elseif t<=1500
    f=t*0.03；
elseif t<=4500
    f=45+ （t-1500） *0.1；
elseif t<=9000
    f=345+ （t-4500） *0.2；
elseif t<=35000
    f=1245+ （t-9000） *0.25；
elseif t<=55000
    f=7745+ （t-35000） *0.3；
elseif t<=80000
    f=13745+ （t-55000） *0.35；
```

```
else
    f=22495+ (t-80000) * 0. 45;
end
```

年奖金纳税额计算函数的编写代码 t2. m 如下：

```
function f=tax2 (t)
if t<= 18000
    f=t * 0. 03;
elseif t<= 54000
    f=t * 0. 1;
elseif t<= 108000
    f=t * 0. 2;
elseif t<= 420000
    f=t * 0. 25;
elseif t<= 660000
    f=t * 0. 3;
elseif t<= 960000
    f=t * 0. 35;
else
    f=t * 0. 45;
end
```

例如，某人月收入（应纳税所得额）为 50 000 元，计算此人全部收入按月纳税的每月纳税额、全部收入按年奖金发放的每月纳税额（近似）、全部收入按月和年奖金各发放一半的每月纳税额。编写代码 c14. m 如下：

```
t1 (50000)
t2 (50000 * 12) /12
t1 (50000/2) +t2 (50000 * 12/2) /12
```

运行结果如下：

```
ans =
    11195
ans =
    15000
ans =
    10620
```

从结果可以看出，合理分配月收入和年奖金，可以做到合理避税。

二、个人收入的合理分配

例 5.15   如何合理分配月收入、年奖金，达到合理避税、增加实际收入的目的。

解   假设某人每年收入确定，一部分收入每月平摊，另一部分按年奖金发放。采用定步长搜索的方法，搜索、记录纳税额最小值。

编写代码 t3.m 如下：

```
function [mint, k1] = tax3 (x)
%x 为月收入，mint 为最小纳税额，k1 为每月移到年奖金的收入额。
k = 0;
mint = t1 (x);
k1 = 0;
while k<x
    d1 = t1 (x-k) + (t2 (12*k) /12);
    if mint>d1+0.0001
        mint = d1;
        k1 = k;
    end
    k = k+1;
end
```

例如，某人月收入（应纳税所得额）为 50 000 元，计算此人最优收入分配方式，在命令窗口键入：

```
[mint, k] = t3 (50000)
```

回车执行，结果如下：

```
mint =
        10295
k =
        4500
```

即：此人每月发放工资 50 000-4 500=44 500 元，4 500 元按年奖金发放，则实际收入最高，每月平均扣税 10 295 元。

事实上，月收入为 51 000 元，最优收入分配方式也是每月的 4 500 元按年终奖发放，那么数据有什么规律吗？

例 5.16 将月收入、年奖金合理避税的优化分配方式列表。

解 考察 10 万元以内月收入人群，将月收入、年奖金合理避税的优化分配方式列表。第一、二、三、四行分别代表月收入、按月发放数额、移到年奖金数额、平均实际月收入。为简化表格，我们将按月发放数额相同或移到年奖金数额相同的项目合并表示。

考虑以 100 元为步长，编写代码 c16.m 如下：

```
s = 100000; n = s/100;
for i = 1: n
    A (1, i) = 100*i;
    [mint, k1] = t3 (A (1, i) );
    A (2: 4, i) = [A (1, i) -k1; k1; A (1, i) -mint];
```

end

B=A（:，1）；k=1；

for j=2：n

    if A（2，j）~=B（2，k）& A（3，j）~=B（3，k）

        B（:，[k+1 k+2]）=A（:，[j−1 j]）；

        k=k+2；

    end

end

B（:，k+1）=A（:，n）

在程序中，矩阵 A 记录的是所有 100~100 000 元月收入以 100 为步长的收入数据，矩阵 B 记录的是简化数据。程序运行结果如下：

B =

Columns 1 through 5

100	5000	5100	6500	6600
100	5000	5000	5000	5100
0	0	100	1500	1500
100	4955	5052	6410	6500

Columns 6 through 10

10500	10600	12500	12600	56500
9000	8000	8000	8100	52000
1500	2600	4500	4500	4500
9910	9995	11705	11785	44255

Columns 11 through 14

56600	73500	73600	100000
38500	38500	38600	65000
18100	35000	35000	35000
44330	57005	57075	75230

将月收入、年奖金合理避税的优化分配方式列表，如表 5-2 所示。

表 5-2　　　　月收入、年奖金合理避税的优化分配方式表　　　　单位：元

	100~5 000	5 100~6 500	6 600~10 500	10 600~12 500	12 600~56 500	56 600~73 500	73 600~100 000
月收入							
月发放额		5 000		8 000		38 500	
年奖金额	0		1 500		4 500		35 000
实际收入	100~4 955	5 052~6 410	6 500~9 910	9 995~11 705	11 785~44 255	44 330~57 005	57 075~75 230

显然，若一部分收入每月平摊，另一部分按年奖金发放，当月收入与年奖金对应

税率相同时，总纳税额最低。编程也可以沿尽量按月发放的思路编写程序。

第四节　贷款计划

贷款是银行或其他金融机构按一定利率和必须归还等条件出借货币资金的一种信用活动形式。

一、贷款计算

1. 等额本息

等额本息贷款计算是典型的规则现金流的计算问题。其计算公式如下：

$$PV = \sum_{t=1}^{n} \frac{P}{(1+r)^t} = \frac{P}{r}\left(1 - \frac{1}{(1+r)^n}\right)$$

其中：PV 代表现值，P 代表现金流数额，r 代表利率，n 代表期数。

例 5.17　求现金流数额、期数、利率。

解

已知 PV、r、n，现金流数额

$$P = \frac{PV \times r}{1 - \dfrac{1}{(1+r)^n}}$$

已知 PV、P、r，贷款期数

$$n = \log_{1+r} \frac{P}{P - PV \times r}$$

然而，利率 r 不容易简单求得，需要解方程。

例如：贷款 500 000 元，4 年还清，每月 13 000 元，年利率为多少？

使用 MATLAB 计算，编写代码 c17. m 如下：

```
pv=500000，n=4，p=13000
syms r
solve（p/r*（1-1/（1+r）^（n*12））-pv）;
rate=ans（1）*12
```

运行结果如下：

```
rate =
0.11317539148923925694590917216941
```

2. 等额本金

等额本金是指在还款期内把贷款数总额等分，每月偿还同等数额的本金和剩余贷款在该月所产生的利息。

例 5.18　贷款 100 000 元，1 年还清，年利率为 5.1%，求每月还款数额。

解 使用 MATLAB 特有的矩阵计算功能，容易得到。

编写代码 c18. m 如下：

```
format short g
pv=100000；n=12；r=0.055；
t=pv/n；
p=（pv：-t：t）*r/12+t
```

运行结果如下：

```
p =
  Columns 1 through 4
       8791.7         8753.5         8715.3         8677.1
  Columns 5 through 8
       8638.9         8600.7         8562.5         8524.3
  Columns 9 through 12
       8486.1         8447.9         8409.7         8371.5
```

二、贷款计划

例 5.19 小李夫妇买房需向银行贷款 60 万元，按月分期等额偿还房屋抵押贷款，月利率是 0.056 5，贷款期为 20 年。小李夫妇每月能有 8 000 元的结余。

（1）小李夫妇是否有能力买房？月供多少？

（2）有一则广告：本公司能帮您提前一年还清贷款，只要每半月还钱一次，但由于文书工作多了，要求您先付半年的钱作为手续费。是否划算？

（3）小李夫妇若将结余全部用来还贷，需要多长时间还清房贷？

（4）小李夫妇向银行贷款 60 万元后，有可能若干年后一次性还清贷款。小李想知道每月月供多少用来还本金、多少用来还贷款、本金还剩多少没有还清？

解 （1）使用公式计算，编写代码 c19. m 如下：

```
pv=600000，n=20*12，r=0.0565/12
p=pv*r/（1-1/（1+r）^n）
```

运行结果如下：

```
p =
       4178.3
```

即：小李夫妇有能力买房，月供为 4 178.3 元。

（2）我们采用计算还款金额的现值计算比较，编写代码 c19. m 如下：

```
pv2=p*6+（p/2）/（r/2）*（1-1/（1+（r/2））^（（n-12）*2））
```

运行结果如下：

```
pv2 =
       608785.076983594
```

即：实际多支付了 8 785 元，不划算。

（3）使用公式计算，编写代码 c19. m 如下：

p=8000;

n=log（p/（p-pv＊r））/log（1+r）/12

运行结果如下：

n =

      7.7279

即：不到 8 年便还清房贷。

（4）贷款的月供首先用来还清一个月产生的全部利息，剩余部分用来偿还部分本金，使用 MATLAB 编程求解，显示：还款年、月、当月月利息、当月偿还本金、剩余本金。

编写代码 c19.m 如下：

A=［1；1；pv＊r；p-pv＊r；pv-pv＊r］

for i=2：n

    A（1，i）=fix（（i-1）/12）+1；

    A（2，i）=i-fix（（i-1）/12）＊12；

    A（3，i）=A（5，i-1）＊r；

    A（4，i）=p-A（3，i）；

    A（5，i）=A（5，i-1）-A（4，i）；

end

A

运行结果（在第 10 年附近的部分结果）如下：

Columns 118 through 130

10	10	10	11	11
10	11	12	1	2
1821.7	1810.6	1799.5	1788.3	1777
2356.6	2367.7	2378.9	2390.1	2401.3
3.8455e+005	3.8219e+005	3.7981e+005	3.7742e+005	3.7502e+005

即：在第 10 年年末，小李夫妇欠银行的贷款金额为 382 190 元。

MATLAB 金融工具箱包含了年金的计算函数，读者在学习中可参考相关资料。

习题五

1. 建立 m 文件，键入：

1 + 2 - 3 × 4 ÷ 5

（1）保存，文件名为 1，执行此文件。

（2）另存为，文件名为 a1，执行此文件。

问题：

两个文件执行结果是否相同，正确答案为多少？为什么？

2. 建立 m 函数文件，函数为：

$$y = f(x) = 2e^{x+1}$$

并计算 $f(1)$ 。

3. 编程计算 $1+2+4+8+\cdots+1\,024$。

4. 偶数求和，总和不超过 10 000，至多要加多少项？

5. 求伴随矩阵

$$A = \begin{bmatrix} -1 & 1 & 1 & 1 \\ -1 & 1 & -1 & -1 \\ 1 & -1 & 1 & -1 \\ 1 & -1 & -1 & 1 \end{bmatrix}$$

6. 函数作图（x 在 $[-3, 3]$，红色，$*$ 点线）

$$y = \begin{cases} x\sin x & x \geq 0 \\ x^2 & x < 0 \end{cases}$$

7. 小明向银行贷款，贷款金额为 2 万元，年利率为 0.055，2 年还清。问：

（1）按月等额本金还款，小明每个月还款多少？

（2）按月等额本息还款，小明每个月还款多少？

8. 李总向某钱庄借款 100 万元，钱庄要求李总按月等额本息还款，每月还款 3 万元，5 年还清，不考虑手续费。问：

（1）李总借款的年利率是多少？

（2）2 年零 3 个月时，李总获得一笔大额资金可以用来还款。此时，李总一次性还款额为多少？

第六章　线性规划模型

运筹学包括数学规划、图论与网络、排队论、存储论、对策论、决策论、模拟论等。数学规划（Mathematical Programming）有时也被称为最优化理论，是运筹学的一个重要分支，也是现代数学的一门重要学科。其基本思想出现在 19 世纪初，并由美国哈佛大学的 Robert Dorfman 于 20 世纪 40 年代末提出。数学规划的研究对象是数值最优化问题，是一类古老的数学问题。古典的微分法已可以用来解决某些简单的非线性最优化问题。直到 20 世纪 40 年代以后，由于大量实际问题的需要和电子计算机的高速发展，数学规划才得以迅速发展起来，并成为一门十分活跃的新兴学科。今天，数学规划的应用极为普遍，它的理论和方法已经渗透到自然科学、社会科学和工程技术中。

第一节　MATLAB 求解线性规划

线性规划（Linear Programming，LP）是数学规划中研究较早、发展较快、应用广泛、方法较成熟的一个重要分支，被广泛应用于军事作战、经济分析、经营管理和工程技术等方面。

一、理论

1. 线性规划的一般形式

（1）规划问题的一般形式

决策变量：$x = (x_1, x_2, \cdots, x_n)$

目标函数：$\min F = f(x)$

约束条件：$s.\ t\ x \in A(\subset \mathrm{R}^n)$

注：

约束条件 $x \in A$ 一般用等式或不等式方程表示：

$h_i(x_1, x_2, \ldots, x_n) \leq 0, i = 1, 2, \ldots, m$

$g_j(x_1, x_2, \ldots, x_n) = 0, j = 1, 2, \ldots, l$

存在无约束条件的情况，比如函数的极值问题。

根据问题的性质和处理方法的差异，数学规划可分成许多不同的分支，如线性规划、非线性规划、多目标规划、动态规划、参数规划、组合优化和整数规划、随机规划、模糊规划、非光滑优化、多层规划、全局优化、变分不等式与互补问题等。

（2）线性规划问题的一般形式

线性规划的目标函数、约束条件均为线性函数。线性规划的一般形式为：

$$\min F = c_1x_1 + c_2x_2 + \cdots + c_nx_n$$

$$st\begin{cases} a_{11}x_1 + a_{12}x_2 + \cdots + a_{1n}x_n \leq b_1 \\ a_{21}x_1 + a_{22}x_2 + \cdots + a_{2n}x_n \leq b_2 \\ \cdots\cdots\cdots\cdots\cdots\cdots\cdots\cdots\cdots \\ a_{m1}x_1 + a_{m2}x_2 + \cdots + a_{mn}x_n \leq b_m \\ x_i \geq 0, \ i = 1, 2,\ldots, n \end{cases}$$

线性规划的矩阵的形式为：

$$\min \ F = CX$$

$$\begin{cases} AX \leq b \\ X \geq 0 \end{cases}$$

其中：

$$C = (c_1, \ c_2,\ldots, \ c_n)$$

$$A = (a_{ij})_{m\times n}$$

$$b = (b_1, \ b_2,\ldots, \ b_m)^T$$

2. 线性规划的求解方法

图解法：通过图解法求解可以理解线性规划的一些基本概念。这种方法仅适用于只有两个变量的线性规划问题。

单纯形法：求解线性规划问题的基本方法是单纯形法。单纯形法为 20 世纪十大算法之一，1947 年由美国数学家丹齐格（G. B. Dantzing）提出。此外，线性规划的解法还有大型优化算法，如 Lipsol 法等。

计算机应用：许多计算软件都有解线性规划的功能，Lindo 公司开发的 Lingo 软件为专业规划软件，通用数学软件 MATLAB、Mathematica、Maple 等具有解线性规划的功能，其他如 Excel、SAS 等软件也具有解线性规划的功能。

二、MATLAB 求解线性规划

MATLAB 的优化工具箱被放在 toolbox 目录下的 optim 子目录中，包括有若干个常用的求解最优化问题的函数指令。

MATLAB 求解线性规划的函数指令为 linprog。

MATLAB 求解线性规划的基本形式为：

$$\min f^Tx$$

$$st: Ax \leq b$$

调用格式为：

x = linprog（f，A，b）

其中：输入参数为 f 效益系数、A 不等式约束系数、b 资源系数，输出参数为 x 最优解。

例 6.1　求解线性规划

$\min f = x_1 - x_2$

$st\begin{cases} -2x_1 + x_2 \leq 2 \\ x_1 - 2x_2 \leq 2 \\ x_1 + x_2 \leq 5 \end{cases}$

解　MATLAB 求解代码为 c01. m。

f= [1 -1];

A = [-2 1

　1 -2

　1 1];

b= [2　2　5];

x=linprog（f, A, b)

运行结果为：

Optimization terminated.

x =

　　1. 0000

　　4. 0000

MATLAB 求解线性规划的基本形式为：

$\min f^T x$

$st\begin{cases} Ax \leq b \\ Aeq \cdot x = beq \\ lb \leq x \leq ub \end{cases}$

调用格式为：

[x, fval, exitflag, output, lambda] = linprog（f, A, b, Aeq, beq, lb, ub, x0, options）

其中：

输入参数为 f 效益系数、A 不等式约束系数、b 资源系数、Aeq 等式约束系数、beq 等式约束常数项、lb 变量下界、ub 上界、x0 初值、options 指定优化参数。参数 A，b，Aeq，beq，lb，ub 可以缺省，也可以使用 [ ] 或 NaN 占位，但至少要包含一个约束条件。

输出参数为 x 最优解、fval 最优值、exitflag 退出条件、output 优化信息、lambda 为 Lagrange 乘子。

例 6.2　求解线性规划

$$\min f = - 5x_1 - 4x_2 - 6x_3$$

$$st \begin{cases} x_1 - x_2 + x_3 \leq 20 \\ 3x_1 + 2x_2 + 4x_3 \leq 42 \\ 3x_1 + 2x_2 \leq 30 \\ x_1, \ x_2, \ x_3 \geq 0 \end{cases}$$

解 MATLAB 求解代码为 c02. m。

f= [−5 −4 −6];
A= [1 −1 1
    3 2 4
    3 2 0];
b= [20 42 30];
lb=zeros (3, 1);
[x, fval, exitflag, output, lambda] =linprog (f, A, b, [], [], lb)
运行结果为:
Optimization terminated.
x =
    0. 0000
   15. 0000
    3. 0000
fval =
  −78. 0000
exitflag =
     1
output =
          iterations: 6
           algorithm: ' large−scale: interior point '
cgiterations: 0
            message: ' Optimization terminated. '
constrviolation: 0
lambda =
ineqlin: [3x1 double]
eqlin: [0x1 double]
      upper: [3x1 double]
      lower: [3x1 double]

第二节　线性规划实例

一、选址问题

1. 问题

某公司有 6 个建筑工地，位置坐标为 (a_i, b_i)（单位：千米），水泥日用量 r_i（单位：吨）。具体取值见表 6-1。

表 6-1　　　　　建筑工地位置坐标、水泥日用量取值

i	1	2	3	4	5	6
a	1.25	8.75	0.5	5.75	3	7.25
b	1.25	0.75	4.75	5	6.5	7.75
r	3	5	4	7	6	11

现有 2 个料场，位于 $A(5, 1)$，$B(2, 7)$，记 (x_j, y_j)，$j = 1, 2$，日储量 q_j 各有 20 吨。

假设：料场和工地之间有直线道路。

问题：制订每天的供应计划，即从 A，B 两个料场分别向各工地运送多少吨水泥，使总的运输吨千米数最小？

2. 模型建立

设 w_{ij} 表示第 j 个料场向第 i 个施工点的材料运量。

目标函数为吨千米数最小：

$$\min Z = \sum_{i=1}^{m} \sum_{j=1}^{n} w_{ij} \sqrt{(x_j - a_i)^2 + (y_j - b_i)^2}$$

其中：$\sqrt{(x_j - a_i)^2 + (y_j - b_i)^2}$ 为料场到施工点的距离。

约束条件为满足需求：$\sum_{j=1}^{n} w_{ij} = r_i$ 或 $\sum_{j=1}^{n} w_{ij} \geq r_i$

不超出供应：$\sum_{i=1}^{m} w_{ij} \leq q_j$

及一般约束：$w_{ij} \geq 0$

于是得到线性规划模型：

$$\min Z = \sum_{i=1}^{m} \sum_{j=1}^{n} w_{ij} \sqrt{(x_j - a_i)^2 + (y_j - b_i)^2}$$

$$\begin{cases} \sum\limits_{j=1}^{n} w_{ij} \geq r_i (i = 1, 2, \ldots, m) \\ \sum\limits_{i=1}^{m} w_{ij} \leq q_j (j = 1, 2, \ldots, n) \\ \qquad w_{ij} \geq 0 \end{cases}$$

3. 模型求解

使用 MATLAB 求解。

目标函数 $\min Z = \sum\limits_{i=1}^{m}\sum\limits_{j=1}^{n} w_{ij}\sqrt{(x_j - a_i)^2 + (y_j - b_i)^2}$ 系数，一共有 12 项，不能简单计算出来，并且决策变量 w_{ij} 为二维变量，要转成一维，所以采用编程的方法。代码 c03.m 如下：

```
a= [1.25, 8.75, 0.5, 5.75, 3, 7.25];
b= [1.25, 0.75, 4.75, 5, 6.5, 7.75];
d= [3, 5, 4, 7, 6, 11]; e= [20, 20];
x= [5, 2]; y= [1, 7];
for i=1: length (a)
    for j=1: 2
        s (i, j) = ( (x (j) -a (i) ) ^2+ (y (j) -b (i) ) ^2) ^ (1/2);
    end
end
f=s (:);
```

约束条件：$\begin{cases} \sum\limits_{j=1}^{n} w_{ij} = r_i (i = 1, 2, \ldots, m) \\ \sum\limits_{i=1}^{m} w_{ij} \leq q_j (j = 1, 2, \ldots, n) \\ \qquad w_{ij} \geq 0 \end{cases}$ 涉及的三个矩阵或向量代码为：

```
A= [1 1 1 1 1 1 0 0 0 0 0 0; 0 0 0 0 0 0 1 1 1 1 1 1];
b=e;
Aeq= [1 0 0 0 0 0 1 0 0 0 0 0
    0 1 0 0 0 0 0 1 0 0 0 0
    0 0 1 0 0 0 0 0 1 0 0 0
    0 0 0 1 0 0 0 0 0 1 0 0
    0 0 0 0 1 0 0 0 0 0 1 0
    0 0 0 0 0 1 0 0 0 0 0 1];
beq=d;
lb=zeros (1, 12);
```

调用求解线性规划指令：

$[x，fval]$ =linprog（f，A，b，Aeq，beq，lb）

运行结果如下：

x =

　　　3. 0000

　　　5. 0000

　　　0. 0000

　　　7. 0000

　　　0. 0000

　　　1. 0000

　　　0. 0000

　　　0. 0000

　　　4. 0000

　　　0. 0000

　　　6. 0000

　　10. 0000

fval =

　　136. 2275

即：最优解为第 1 料场运到 6 工地的运量分别为 3、5、0、7、0、1，第 2 料场运到 6 工地的运量分别为 0、0、4、0、6、10，总的运输吨千米数最小为 136. 227 5 吨千米。

二、费用问题

1. 问题

有一园丁需要购买肥料 107 千克。而现在市场上有两种包装的肥料：一种是每袋 35 千克，价格为 14 元；另一种是每袋 24 千克，价格为 12 元。

问：园丁在满足需要的情况下，怎样才能使花费最节约？

2. 模型建立

决策变量：设两种包装分别购买 x_1，x_2 千克。

目标函数：花费最节约 $\min y = 14x_1 + 12x_2$

约束条件：满足需求 $35x_1 + 24x_2 \geq 107$

x_1，$x_2 \geq 0$，且为整数。

于是，得到线性规划模型：

$\min y = 14x_1 + 12x_2$

$$\begin{cases} 35x_1 + 24x_2 \geq 107 \\ x_1，x_2 \geq 0 \ and \ \text{int} \end{cases}$$

3. 模型求解

此问题称为整数线性规划问题，简称整数规划。

使用 MATLAB 求解。代码 c04. m 如下：

```
f= [14 12];
A=- [35 24];
b=-107;
lb=zeros (2, 1);
[x, fval] =linprog (f, A, b, [], [], lb)
```

运行结果如下：

```
x =
     3. 0571
     0. 0000
fval =
   42. 8000
```

结果不满足整数解条件。

在 MATLAB2013 以下版本中，无整数规划计算工具，可以采用编程搜索的方式：

```
smin = 1000;
for i=0: 4
    for j=0: 5
        s=14 * i+12 * j;
        if 35 * i+24 * j> = 107&smin>s
            smin=s;
            x= [i, j];
        end
    end
end
x
smin
```

运行结果如下：

```
x =
     1      3
smin =
    50
```

即：购买 35 千克、24 千克两种包装的肥料各 1 袋、3 袋，节约 50 元。

注：MATLAB2014a 中，混合整数规划的函数指令为 intlinprog，调用方式为：

```
[x, fval, exitflag, output] = intlinprog (f, intcon, A, b, Aeq, beq, lb, ub, options)
```

三、矿井开采

1. 问题

有一矿藏由 30 块正方形矿井组成，分四层，每层矿井上对应 4 块矿井。其结构如

图 6-1 所示。

1	2	3	4
5	6	7	8
9	10	11	12
13	14	15	16

第 1 层

17	18	19
20	21	22
23	24	25

第 2 层

26	27
28	29

第 3 层

30

第 4 层

图 6-1 矿藏结构及编号示意图

其中，每块矿井的开采价值为 Ci（可能为负）。开采要求：开采下一个，上面四个均需开采。求解 30 个矿井，如何开采获利才最大？

2. 模型建立

令决策变量：$x_i = 0，1(i = 1，2,...，n)$ 代表第 i 矿井开采、不开采。

则目标函数：收益最大 $\max y = \sum_{i=1}^{30} c_i x_i$

约束条件：开采下一个，上面四个均需开采。

$x_{17} \leq x_1$

$x_{17} \leq x_2$

……

$x_{30} \leq x_{29}$

共 56 个不等式。

于是，得到线性规划模型：

$$\max y = \sum_{i=1}^{30} c_i x_i$$

$$st\begin{cases} -x_1 + x_{17} \leq 0 \\ -x_2 + x_{17} \leq 0 \\ …… \\ -x_{29} + x_{30} \leq 0 \\ x_1，x_2,...，x_{30} = 0，1 \end{cases}$$

3. 模型求解

此问题称为 0-1 整数线性规划问题，简称 0-1 规划。

这类问题是 0-1 规划。

0-1 规划的 MATLAB 求解函数为 bintprog，调用方式为：

[x，fval，exitflag，output] = bintprog (f，A，b，Aeq，Beq，x0，options)

本问题若给出开采价值为 Ci 的值，则可以使用 MATLAB 求解，代码为 c05. m。

四、合理下料

1. 问题

某车间有长度为 180 厘米的钢管（数量充分多），今要将其截为三种不同长度，长度分别为 70 厘米的管料 100 根，而 52 厘米、35 厘米的管料分别不得少于 150 根、120 根。

问：应如何下料才能最省？

2. 模型建立

决策变量需要分析后才能得到。

下料方式共有 8 种，见表 6-2。

表 6-2　　　　　　　　　　材料的 8 种下料方式

截法		一	二	三	四	五	六	七	八	需求量
长度	70	2	1	1	1	0	0	0	0	100
	52	0	2	1	0	3	2	1	0	150
	35	1	0	1	3	0	2	3	5	120
余料		5	6	23	5	24	6	23	5	

决策变量：第 i 种下料方式进行 x_i 次。

目标函数：余料最省？用料最少？

模型为线性规划模型：

$$\min y = \sum_{i=1}^{8} x_i$$

$$st \begin{cases} 2x_1 + x_2 + x_3 + x_4 \geq 100 \\ 2x_2 + x_3 + 3x_5 + 2x_6 + x_7 \geq 150 \\ x_1 + x_3 + 3x_4 + 2x_6 + 3x_7 + 5x_8 \geq 120 \\ x_1, x_2, \ldots, x_8 \geq 0, \ int \end{cases}$$

思考：约束条件是否可以改为等式？

3. 模型求解

使用 MATLAB 求解。代码为 c06. m。

首先，编程求解下料方式：

```
p=[];k=0;
for i=0：2
    for j=0：3
        for k=0：5
            s=i*70+j*52+k*35;
            if s<=180 & 180-s<35
                p=[p [i；j；k；180-s]];
            end
        end
    end
end
p
```

使用函数 linprog 求解

```
f=ones（1，8）;
A=-[2 1 1 1 0 0 0 0
    0 2 1 0 3 2 1 0
    1 0 1 3 0 2 3 5];
b=-[100 150 120];
lb=zeros（1，8）;
ub=inf*ones（1，8）;
[x，fval]=linprog（f，A，b，[]，[]，lb，ub）
```

运行结果为：

```
x =
    4. 2066
    0. 0000
    25. 2754
    0. 0000
    9. 3115
    0. 0000
    49. 7246
    20. 4820
fval =
    109. 0000
```

结果非整数，不满足条件。

编写整数规划分枝定界法程序，代码 lpint. m 如下：

```
function [xmax, fmax, kk]=lpint（f, A, b, Aeq, beq, lb, ub）
%整数线性规划分枝定界法
```

```
n=length (f);
if nargin<7 | isempty (ub) ub=inf * ones (n, 1); end
if nargin<6 | isempty (lb) lb=-inf * ones (n, 1); end
if nargin<5 beq= []; end
if nargin<4 Aeq= []; end
    [x, fval] =linprog (f, A, b, Aeq, beq, lb, ub);
if size (lb, 1) ==1      lb=lb'; end
if size (ub, 1) ==1      ub=ub'; end
fmin=fval; fmax=inf; lb0=lb; ub0=ub; kk=1;
while ~isempty (lb0)
    [x, fval, exitflag] =linprog (f, A, b, Aeq, beq, lb0 (:, 1), ub0 (:, 1) );
    if (exitflag<=0) | (fval>fmax)    % | (fval<fmin) | isempty (fval)
        lb0 (:, 1) = [];
        ub0 (:, 1) = [] ;
    elseif x-floor (x) <0.0001
        if fmax>fval
            fmax=fval; xmax=x ;
        end
        lb0 (:, 1) = []; ub0 (:, 1) = [];
    else
        n=find (x-floor (x) >=0.0001);
        t=n (1);
        l=lb0; u=ub0;
        k=1;
        if floor (x (t) ) +1<=ub0 (t, 1)
            lb0 (t, 1) =floor (x (t) ) +1;
            k=2;
        end
        if   floor (x (t) ) >=l (t, 1)
            if k==2
                lb0= [lb0 (:, 1), l]; ub0= [ub0 (:, 1), u];
            end
            ub0 (t, k) =floor (x (t) );
            k=3;
        end
        if k==1
            lb0 (:, 1) = []; ub0 (:, 1) = [];
        end
```

```
    end
    kk＝kk+1；
end
```

调用程序 lpint.m，求解整数规划问题：

[x，fval，k]＝lpint（f，A，b，[ ]，[ ]，lb，ub）

运行结果如下：

```
x ＝
     34.0000
     32.0000
      0.0000
      0.0000
      0.0000
     43.0000
      0.0000
      0.0000
fval ＝
   109.0000
k ＝
     20
```

即：分枝定界法迭代 20 次，得到最省的下料使用钢管 109 根。

第三节　生产安排问题

一、问题的提出

某企业的生产结构示意图见图 6-2。

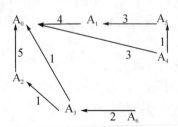

图6-2　企业生产结构示意图

A_0 是出厂产品，A_1，A_2，…，A_6 是中间产品，$A_j \xrightarrow{k} A_i$ 表示生产 A_i 一个单位需要消耗 A_j 产品 k 单位。

表 6-3 给出了生产单位产品所需的资源（工人、设备）和时间。注意，表 6-3 中

所给数据是基本的。即：既不能通过增加工人和设备来缩短时间，也不能通过加长时间节省工人和设备。

表 6-3 资源使用情况表

产品		A_0	A_1	A_2	A_3	A_4	A_5	A_6
需要的资源	1 类工人	71	27	34	37	18	33	17
	2 类工人	30	18	17	13	12	28	23
	技术工人	7	9	0	7	6	5	11
	甲设备（台）	4	3	0	4	2	0	2
	乙设备（台）	1	3	1	0	2	5	6
加工时间（小时）		6	3	6	5	2	1	2

问题：无资源浪费、连续均衡生产的最小生产规模是多大？相应的最短周期是多少？

注："无资源浪费"是指生产期中没有闲置人员和设备；"连续"是指整个周期中所有生产过程不会停顿；"均衡"是指所有中间产品的库存与上期库存都相同。"生产规模"是指完成整个生产过程所需各资源总和。

二、模型建立

本问题的难点是：决策变量、目标不明确。

本问题涉及的量包括：各产品的产量、各生产资源的数量、时间、产品之间的匹配量。

由于各产品的产量，随时间增加而增加，各产品的产量不可能是决策变量。生产资源是固定量，由于生产资源之间存在关系，因此生产资源虽然是决策变量，但不是基本决策变量。关键点：生产资源与正在生产的产品相关。

"生产规模"是指完成整个生产过程所需各资源总和。这些资源在"无资源浪费"的条件下，受正在生产的产品数量控制。若将生产一个产品需要的资源（工人，设备）称为一组，由于是"连续""无资源浪费"生产，因此实际使用的资源数量不随时间的改变而改变。于是有：

决策变量：生产各部件资源组数 x_i。

"生产规模"代表单位时间生产最终产品的数量，也可表示成在线生产的最终产品的数量，即生产最终产品的数量的资源组数。于是有：

目标函数：最终产品的数量的资源组数 $\min x_0$

"均衡"是指所有中间产品的库存与上期库存都相同，所以均衡生产条件就是投入产出配比，即：单位时间内生产产品数＝单位时间内产品需要数。于是有：

约束条件：

$$\frac{x_j}{t_j} = \sum_{i=0}^{6} b_{ij} \frac{x_i}{t_i}, \ j = 0, \ 1, \dots, \ 6$$

其中：x_i 为生产各部件资源组数，t_i 为生产时间，b_{ij} 为需要消耗系数。

于是得到线性规划模型：

$$\min x_0$$

$$st\begin{cases} \dfrac{x_j}{t_j} = \sum_{i=0}^{6} b_{ij} \dfrac{x_i}{t_i} & j = 0,\ 1,\dots,\ 6 \\ x_0 \geq 1,\ x_j \geq 0,\ 整数 \end{cases}$$

三、模型求解

使用 MATLAB 求解。代码为 c07.m。

```
f= [1 0 0 0 0 0 0];
Aeq= [   0    0     0   -2/5   0     0 1/2
         0  -3/3    0    0    0  1/1   0
       -3/6   0     0    0  1/2 -1/1   0
       -1/6   0  -1/6  1/5    0    0   0
       -5/6   0   1/6    0    0    0   0
       -4/6  1/3    0    0    0    0   0];
beq= [0 0 0 0 0 0];
lb= [1 0 0 0 0 0 0];
[x, fval] =linprog (f, [], [], Aeq, beq, lb)
```

运行结果如下：

```
x =
     1.0000
     2.0000
     5.0000
     5.0000
     5.0000
     2.0000
     4.0000

fval =
     1.0000
```

结果满足整数条件，即：达到最小生产规模时，生产各部件资源组数分别为 1、2、5、5、5、2、4 组。

所需生产资源（工人、设备）：

```
[   71    27    34    37    18    33    17
    30    18    17    13    12    28    23
     7     9     0     7     6     5    11
     4     3     0     4     2     0     2
```

$$1 \quad 3 \quad 1 \quad 0 \quad 2 \quad 5 \quad 6] * x$$

lcm (lcm (lcm (6, 3), 5), 2)

运行结果如下：

ans =

  704.0000

  424.0000

  144.0000

   48.0000

   56.0000

ans =

   30

即：达到最小生产规模时，1 类工人、2 类工人、技术工人、甲设备、乙设备的数量分别为 704 人、424 人、144 人、48 台、56 台，相应的最短周期是 30 小时。

习题六

1. 使用 MATLAB 求解

$\min(2x + 3y + 5z)$

$$\begin{cases} x + 2y + 2z \geq 30 \\ 3x + y + 2z \geq 20 \\ 40 \leq 2x + y + 10z \leq 50 \\ x, \ y, \ z \geq 0 \end{cases}$$

2. 某车间有长度为 100 厘米的钢管（数量充分多）。

（1）今要将其截为长度分别为 55 厘米、45 厘米、35 厘米的管料 45 根、61 根、99 根。问：应如何下料，才能最省（精确解）？

（2）今要将其截为长度分别为 10 厘米、20 厘米、25 厘米、30 厘米、40 厘米、50 厘米、65 厘米、75 厘米的 8 种管料 45 根、32 根、93 根、53 根、113 根、65 根、24 根、98 根。问：有多少种下料方式？应如何下料，才能最省（近似解）？

3. 设有一笔资金共计 10 万元，未来 5 年内可以投资 4 个项目。其中：项目 1 每年年初投资，投资后第二年年末才可回收资金，本利为 115%；项目 2 只能在第三年年初投资，到第五年年末回收本利 125%，但不超过 3 万元；项目 3 在第二年年初投资，第五年年末回收本利 140%，但不超过 4 万元；项目 4 每年年初投资，年末回收本利 106%。试确定 5 年内如何安排投资？

4. 某厂生产三种产品 Ⅰ、Ⅱ、Ⅲ。每种产品要经过 A、B 两道工序加工。设该厂有两种规格的设备能完成 A 工序，它们以 A_1、A_2 表示；有三种规格的设备能完成 B 工序，它们以 B_1、B_2、B_3 表示。产品 Ⅰ 可在 A、B 任何一种规格设备上加工。产品 Ⅱ 可在任何规格的 A 设备上加工，但完成 B 工序时，只能在 B_1 设备上加工；产品 Ⅲ 只能在 A_2 与 B_2 设备上加工。已知在各种机床设备的单件工时、原材料费、产品销售价格、各种设备有效台时以及满负荷操作时机床设备的费用如表6-4所示。要求：安排最优的生产计划，使该厂利润最大。

表6-4　　　　　　　　　　　　　某厂产品生产费用表

设备	产品			设备有效台时	满负荷时的设备费用（元）
	I	II	III		
A1	5	10		6 000	300
A2	7	9	12	10 000	321
B1	6	8		4 000	250
B2	4		11	7 000	783
B3	7			4 000	200
原料费（元/件）	0.25	0.35	0.50		
单　价（元/件）	1.25	2.00	2.80		

5. 有四个工人，要指派他们分别完成4项工作，每人做各项工作所消耗的时间如表6-5所示。

表6-5　　　　　　　　　　工人完成工作耗费时间表　　　　　　　　　单位：小时

工人＼工作	A	B	C	D
甲	15	18	21	24
乙	19	23	22	18
丙	26	17	16	19
丁	19	21	23	17

问：指派哪个人去完成哪项工作，可使总的消耗时间为最小？

6. 某战略轰炸机群奉命摧毁敌人军事目标。已知该目标有四个要害部位，只要摧毁其中之一即可达到目的。为完成此项任务的汽油消耗量限制为48 000升、重型炸弹48枚、轻型炸弹32枚。飞机携带重型炸弹时每升汽油可飞行2千米，带轻型炸弹时每升汽油可飞行3千米。又知每架飞机每次只能装载一枚炸弹，每出发轰炸一次除去来回路程汽油消耗（空载时每升汽油可飞行4千米）外，起飞和降落每次各消耗100升。有关数据如表6-6所示。

表6-6　　　　　　　　　　　　　　飞机相关数据表

要害部位	离机场距离（千米）	摧毁可能性	
		每枚重型弹	每枚轻型弹
1	450	0.10	0.08
2	480	0.20	0.16
3	540	0.15	0.12
4	600	0.25	0.20

为了使摧毁敌方军事目标的可能性最大，应如何确定飞机轰炸的方案，要求建立这个问题的线性规划模型。

7. 某汽车厂生产小型、中型、大型三种类型的汽车，已知各类型每辆车对钢材、劳动时间的需求量、利润及工厂每月的现有量，数据见表6-7。

表 6-7

	小型	中型	大型	现有量
钢材（吨）	1	2	5	1 000
劳动时间（小时）	250	125	150	120 000
利润（万元）	3	5	12	

（1）如果每月生产的汽车必须为整车，试制订月生产计划，使工厂的利润最大。

（2）如果生产某一类型汽车，则至少要生产 50 辆，那么最优的生产计划应做何改变？

第七章　非线性规划模型

非线性规划是具有非线性约束条件或目标函数的数学规划，是运筹学的一个重要分支。本章讨论非线性规划模型及其 MATLAB 求解方法。

第一节　MATLAB 求解非线性规划

非线性规划（Nonlinear Programming，NLP）是 20 世纪 50 年代才开始形成的一门新兴学科。20 世纪 70 年代又得到进一步发展。非线性规划在工程、管理、经济、科研、军事等方面都有广泛的应用，为最优设计提供了有利的工具。

一、理论

1. 非线性规划的一般形式

$$\underset{x}{Min} f(x) = f(x_1, x_2, \cdots, x_n)$$

$$st:\cdots\cdots$$

$$x \in D \subseteq R^n$$

非线性规划按约束条件可分为有约束规划、无约束规划，按决策变量的取值可分为连续优化、离散优化。非线性规划的最优解可分为局部最优解、全局最优解，现有解法大多只是求出局部最优解。

2. 非线性规划的求解方法

在微积分课程中，我们接触过无约束优化方法是求极值的方法，即求函数最优化的局部解。对于 n 元函数求极值：

$$\underset{x}{Min} f(x) = f(x_1, x_2, \cdots, x_n)$$

极值存在的必要条件为：

$$\nabla f(x^*) = (f_{x_1}, \cdots, f_{x_n})^T = 0$$

极值存在的充分条件为：

$$\nabla f(x^*) = 0, \quad \nabla^2 f(x^*) > 0$$

其中：$\nabla^2 f = \left[\dfrac{\partial^2 f}{\partial x_i \partial x_j} \right]_n$ 为 Hessian 阵。

1951 年 H. W. 库恩和 A. W. 塔克发表的关于最优性条件（后来称为库恩–塔克条

件）的论文是非线性规划正式诞生的一个重要标志。在 20 世纪 50 年代还得出了可分离规划和二次规划的 *n* 种解法，它们大多以 G. B. 丹齐克提出的解线性规划的单纯形法为基础。20 世纪 50 年代末到 60 年代末出现了许多解非线性规划问题的有效的算法，70 年代又得到进一步发展。20 世纪 80 年代以来，随着计算机技术的快速发展，非线性规划方法取得了长足进步，在信赖域法、稀疏拟牛顿法、并行计算、内点法和有限存储法等领域取得了成功。

非线性规划的求解方法有很多。一维最优化方法有黄金分割法、Fibonacci、切线法、插值法等。无约束最优化方法大多是逐次一维搜索的迭代算法，有最速下降法、牛顿法、共轭梯度法、变尺度法、方向加速法、拟牛顿法、单纯形加速法等；约束最优化方法有拉格朗日乘子法、罚函数法、可行方向法、模拟退火法、遗传算法、神经网络等算法。

一般来说，解非线性规划问题要比解线性规划问题困难得多。而且，不像线性规划有单纯形法这一通用方法，非线性规划目前还没有适于各种问题的一般算法，各个方法都有自己特定的适用范围。

二、MATLAB 求解线性规划

1. 一元无约束优化

在 MATLAB 优化工具箱中，一元无约束优化的求解函数及调用格式为：

［x，fval］=fminbnd（fun，x1，x2）

其中：输入参数 fun 为目标函数，支持字符串、inline 函数、句柄函数，［x1，x2］为优化区间。输出参数为 x 最优解、fval 最优值。

注：最优解为区间内全局最优解。

例 7.1　求函数 $y = 2e^{-x}\sin x$ 在区间 ［0，8］ 上的最大值、最小值。

解　MATLAB 求解代码为 c01. m。

使用字符串形式求解：

```
f='2 * exp (-x) * sin (x)';
%fplot (f, [0, 8]);
[xmin, ymin] =fminbnd (f, 0, 8)
f1='-2 * exp (-x) * sin (x)';
[xmax, ymax] =fminbnd (f1, 0, 8)
ymax=-ymax
```

使用 inline 函数求解：

```
f2=inline ('2 * exp (-x) * sin (x)')
[xmin, ymin] =fminbnd (f2, 0, 8)
```

使用 m 函数文件，代码为 fun1. m：

```
function f=fun1 (x)
f=2 * exp (-x) * sin (x);
```

采用字符串调用、句柄调用 m 函数文件的方式求解：

［x1，f1］=fminbnd（'fun1'，0，8）

［x2，f2］=fminbnd（@fun1，0，8）

［x3，f3］=fminbnd（'fun1（x）'，0，8）

运行结果相同：

xmin =

　　3.9270

ymin =

　　-0.0279

xmax =

　　0.7854

ymax =

　　0.6448

2. 多元无约束优化

在 MATLAB 优化工具箱中，多元无约束优化的求解函数及调用格式为：

［x，fval］=fminunc（fun，x0）

［x，fval］=fminsearch（fun，x0）

其中：输入参数 fun 为目标函数，支持字符串、inline 函数、句柄函数，x0 初值。输出参数为 x 最优解、fval 最优值。

注：fminunc、fminsearch 只支持函数 fun 自变量单变量符号。

最优解为局部最优解。

例 7.2　求函数 $f = 100(y - x^2)^2 + (1 - x)^2$ 的最小值。

解　MATLAB 求解代码为 c02.m。

f='100*（x（2）-x（1）^2）^2+（1-x（1））^2';

［x，fval］=fminunc（f，[0，0]）

［x，fval］=fminsearch（f，[0，0]）

运行结果如下：

x =

　　1.0000　　1.0000

fval =

　1.9474e-011

x =

　　1.0000　　1.0000

fval =

　3.6862e-010

3. 有约束优化

MATLAB 求解有约束优化的基本形式为：

$$\min f(x)$$

$$st\begin{cases} c(x) \leq 0 \\ ceq(x) = 0 \\ Ax \leq b \\ Aeq \cdot x = beq \\ lb \leq x \leq ub \end{cases}$$

调用格式为：

[x, fval] = fmincon (fun, x0, A, b, Aeq, beq, lb, ub, nonlcon)

其中：

输入参数 fun 为目标函数，支持字符串、inline 函数、句柄函数、x0 初值、A 线性不等式约束系数、b 线性不等式约束常数项、Aeq 线性等式约束系数、线性 beq 等式约束常数项、lb 变量下界、ub 上界，nonlcon 非线性约束，支持句柄函数。参数 A，b，Aeq，beq，lb，ub 可以缺省，也可以使用 [ ] 或 NaN 占位。

输出参数为 x 最优解、fval 最优值。

注：fmincon 只支持函数 fun、约束条件自变量单变量符号。

最优解为局部最优解。

例 7.3 求解

$$\min f = x_1{}^2 + 4x_2{}^2$$

$$\begin{cases} 3x_1 + 4x_2 \geq 13 \\ x_1{}^2 + x_2{}^2 \leq 10 \\ x_1, \ x_2 \geq 0 \end{cases}$$

解 建立 MATLAB 的函数文件表示目标函数，代码为 fun2.m：

function y = fun2 (x)

y = x (1) ^2+4*x (2) ^2;

建立 MATLAB 的函数文件表示非线性约束，代码为 fun3.m：

function [c, ceq] = fun6 (x)

c = x (1) ^2+x (2) ^2-10;

ceq = 0;

求解原问题代码为 c03.m：

x0 = [10, 10];

A = [-3, -4]; b = -13;

lb = [0, 0];

[x, f] = fmincon (@fun2, x0, A, b, [ ], [ ], lb, [ ], @fun3)

运行结果如下：

x =

    3.0000   1.0000

f =

   13

例7.4 求解

$$\min f = x_1{}^2 + 4x_2{}^2 + x_3{}^2$$

$$st \begin{cases} 3x_1 + 4x_2 + x_3 \geq 13 \\ x_1{}^2 + x_2{}^2 - x_3 \leq 100 \\ 3x_1{}^3 + x_2{}^2 - 10\sqrt{x_3} \geq 20 \\ 3x_1 - x_2{}^2 + x_3 = 50 \\ x_1,\ x_2,\ x_3 \geq 0 \end{cases}$$

解 建立 MATLAB 的函数文件表示非线性约束，代码为 fun4. m：

function ［c，ceq］＝fun4（x）

c＝［x（1）^2+x（2）^2-x（3）-100，-3*x（1）^3-x（2）^2+10*sqrt（x（3））+20］；

ceq＝3*x（1）-x（2）^2+x（3）-50；

求解原问题代码为 c04. m：

x0＝［1，1，1］；

A＝［-3，-4，-1］；b＝-13；

lb＝［0，0，0］；

f＝'x（1）^2+4*x（2）^2+x（3）^2'；

［x，f］＝fmincon（f，x0，A，b，［］，［］，lb，［］，@fun4）

运行结果如下：

x =

  10.8390   0.0000   17.4831

f =

  423.142 3

第二节 选址问题

一、问题

在第六章第二节中，我们讨论了选址问题，现将原问题更改，我们又将如何解决？

例7.5 某公司有 6 个建筑工地，位置坐标为 (a_i, b_i)（单位：千米），水泥日用量 r_i（单位：吨），具体取值见表 7-1。

表 7-1 建筑工地位置坐标、水泥日用量取值

i	1	2	3	4	5	6
a	1.25	8.75	0.5	5.75	3	7.25

表7-1(续)

i	1	2	3	4	5	6
b	1.25	0.75	4.75	5	6.5	7.75
r	3	5	4	7	6	11

现要建立 2 个料场,日储量 $q_j(j = 1, 2)$ 各有 20 吨。

假设:料场和工地之间有直线道路

问题:确定料场位置和每天的供应计划,使总的运输吨千米数最小。

二、模型建立

设 (x_j, y_j) 表示料场位置,w_{ij} 表示第 j 个料场向第 i 个施工点的材料运量。

模型为:

$$\min Z = \sum_{i=1}^{m} \sum_{j=1}^{n} w_{ij} \sqrt{(x_j - a_i)^2 + (y_j - b_i)^2}$$

$$\begin{cases} \sum_{j=1}^{n} w_{ij} = r_i (i = 1, 2,..., m) \\ \sum_{i=1}^{m} w_{ij} \leq q_j (j = 1, 2,..., n) \\ w_{ij} \geq 0 \end{cases}$$

此模型与第六章第二节的选址问题的模型在形式上是一样的,但在这里决策变量为 (x_j, y_j) 和 w_{ij},模型为非线性规划模型。

三、模型求解

1. 目标函数

$$\min Z = \sum_{i=1}^{m} \sum_{j=1}^{n} w_{ij} \sqrt{(x_j - a_i)^2 + (y_j - b_i)^2}$$

该模型求解需要在 MATLAB 中编写函数表达式,并解决两个问题。一个是决策变量 (x_j, y_j)、w_{ij} 共有 16 个,要换成一个一维向量;另一个是目标函数表达式含有 12 项,采用编程的方法得到。

建立 MATLAB 函数文件,代码 fun5.m 如下:

```
function f = fun5 (x)
a = [1.25    8.75    0.5    5.75    3    7.25];
b = [1.25    0.75    4.75    5    6.5    7.75];
xx = [x(13) x(15) ];
yy = [x(14) x(16) ];
w = [x(1: 6)' x(7: 12)'];
f = 0;
```

```
for i = 1: 6
    for j = 1: 2
        f=f+w (i, j) * ( (xx (j) -a (i) ) ^2+ (yy (j) -b (i) ) ^2) ^. 5;
    end
end
```

2. 约束条件

$$
\begin{cases}
\sum_{j=1}^{n} w_{ij} = r_i (i = 1, 2, \ldots, m) \\[2mm]
\sum_{i=1}^{m} w_{ij} \leq q_j (j = 1, 2, \ldots, n) \\[2mm]
\quad\quad w_{ij} \geq 0
\end{cases}
$$

约束条件均为线性，建立相关系数矩阵，代码 c05. m 如下：

```
d= [3, 5, 4, 7, 6, 11]; e= [20, 20];
A= [1 1 1 1 1 1 0 0 0 0 0 0 0 0 0 0; 0 0 0 0 0 0 1 1 1 1 1 1 0 0 0 0]; b=e;
Aeq= [1 0 0 0 0 0 1 0 0 0 0 0 0 0 0 0
    0 1 0 0 0 0 0 1 0 0 0 0 0 0 0 0
    0 0 1 0 0 0 0 0 1 0 0 0 0 0 0 0
    0 0 0 1 0 0 0 0 0 1 0 0 0 0 0 0
    0 0 0 0 1 0 0 0 0 0 1 0 0 0 0 0
    0 0 0 0 0 1 0 0 0 0 0 1 0 0 0 0 ];
beq=d;
lb= [zeros (1, 12) -inf -inf -inf -inf];
```

3. 调用指令求解

使用 MATLAB 有约束优化 fmincon 函数指令求解。初值采用原有结果，代码 c05. m
如下：

```
x0= [3 5 0 7 0 1 0 0 4 0 6 10, 5 1, 2 7];
[x, fval] =fmincon (@ fun5, x0, A, b, Aeq, beq, lb)
```

运行结果如下：

```
x =
    3.0000    5.0000    4.0000    7.0000    1.0000    0    0    0    0
0   5.0000   11.0000    5.6960    4.9286    7.2500    7.7500
fval =
    89.8835
```

目标函数最优值为 89. 883 5，比原有结果 136. 227 5 有较大改进。

由于此问题为非线性规划问题，所以得到的结果为局部最优解，那么如何得到全局最优解呢?

一个可行的办法就是,改变初值来改变局部最优解,通过定步长搜索初值的取值的方法逼近最优解。由于决策变量是 16 维,不可能对其全部搜索,我们只搜索后 4 个变量:料场位置坐标。

MATLAB 求解代码 c06. m 如下:

```
tic
d= [3, 5, 4, 7, 6, 11]; e= [20, 20];
A= [1 1 1 1 1 1 0 0 0 0 0 0 0 0 0 0; 0 0 0 0 0 0 1 1 1 1 1 1 0 0 0 0]; b=e;
Aeq= [1 0 0 0 0 0 1 0 0 0 0 0 0 0 0 0
      0 1 0 0 0 0 0 1 0 0 0 0 0 0 0 0
      0 0 1 0 0 0 0 0 1 0 0 0 0 0 0 0
      0 0 0 1 0 0 0 0 0 1 0 0 0 0 0 0
      0 0 0 0 1 0 0 0 0 0 1 0 0 0 0 0
      0 0 0 0 0 1 0 0 0 0 0 1 0 0 0 0];
beq=d;
lb=zeros (1, 16);

m=100;
for i1=1: 2: 8
    for j1=1: 2: 8
        for i2=1: 2: 8
            for j2=1: 2: 8
                x0= [3 5 0 7 0 1 0 0 4 0 6 10, i1 j1, i2 j2];
                [x, fval] =fmincon (@fun5, x0, A, b, Aeq, beq, lb);
                if fval<m
                    m=fval;
                    xx=x;
                end
            end
        end
    end
end
xx, m
toc
```

其中:tic、toc 记录程序运行时间。

运行结果如下:

```
xx =
     0    5.0000      0      0      0    11.0000    3.0000      0    4.0000
```

7.0000　　6.0000　　0　　7.2500　　7.7500　　3.2552　　5.6519

　m =

　　85.2660

Elapsed time is 14.565186 seconds.

目标函数最优值为 85.266 0，比上一结果 89.883 5 有较大改进。

第三节　资产组合的有效前沿

资产组合的有效前沿的理论基础是哈里马科维茨（H.Markowitz）于 1952 年创立的资产组合理论，这个模型奠定了现代金融学的基础，因此 1992 年哈里马科维茨获得诺贝尔经济学奖。

一、问题

对于一个理性的投资者而言，他们都是厌恶风险而偏好收益的。对于相同的风险水平，他们会选择能提供最大收益率的组合；对于相同的预期收益率，他们会选择风险最小的组合。能同时满足上述条件的一个投资组合称为有效组合，所有的有效组合或有效组合的集合，称为有效前沿。

例 7.6　现有 3 种资产的投资组合，未来可实现的收益是不确定的，预测的资产未来可实现的收益率，称为预期收益率，其值为 $r = (0.1, 0.15, 0.12)$。未来投资收益的不确定性投资风险称为投资风险，可以用预期收益率的标准差来表示，称为预期标准差，其值为 $s = (0.2, 0.25, 0.18)$，相关系数为：$\rho = \begin{pmatrix} 1 & 0.8 & 0.4 \\ 0.8 & 1 & 0.3 \\ 0.4 & 0.3 & 1 \end{pmatrix}$。

问题：

（1）当资产组合收益率为 0.12 时，求解最优组合。

（2）有效前沿是什么？

二、模型

令：资产投资比例为 $x = (x_1, x_2 \dots x_n)^T$

则资产组合预期收益率为：

$$E(\hat{r}) = xE(r) = \sum_i x_i E(r_i)$$

资产组合预期方差为：

$$\sigma^2 = \sum_i \sum_j x_i x_j \sigma_{ij} = x^T V x$$

其中：$V = (\sigma_{ij})_n$ 为资产收益的协方差矩阵。

于是得到投资决策的规划模型：

$$\max E(\hat{r}) = xE(r) = \sum_i x_i E(r_i)$$

$$\min \sigma^2 = \sum_i \sum_j x_i x_j \sigma_{ij} = x^T V x$$

$$st: \sum_i x_i = 1$$

这个模型被称为均值-方差（M-V）模型。

三、模型求解

1. 感受资产组合

可以通过图形来感受资产组合预期收益率、预期标准差的分布状况。

例 7.6（1）中，预期收益率 $r = (0.1, 0.15, 0.12)$，预期标准差 $s = (0.2,$

$0.25, 0.18)$，相关系数为：$\rho = \begin{pmatrix} 1 & 0.8 & 0.4 \\ 0.8 & 1 & 0.3 \\ 0.4 & 0.3 & 1 \end{pmatrix}$。

令：资产权重 $x = (x_1, x_2, x_3)^T$

随机选取 x 的取值，观察收益与风险的关系。算法如下：

Step1 随机生成 n 组三维向量，并将向量归一，作为资产权重。

Step2 计算每一个资产权重下的组合资产预期收益率、预期标准差。

Step3 以预期标准差为横轴、预期收益率为纵轴，绘图。

使用 MATLAB 模拟，代码 c07.m 如下：

```
r = [0.1 0.15 0.12];
s = [0.2   0.25 0.18];
c = [1 0.8 0.4; 0.8 1   0.3; 0.4 0.3 1];
s2 = diag (s) * c * diag (s)
x = rand (1 000, 3);
total = sum (x, 2);
for j = 1: 3
    x (:, j) = x (:, j). /total;
end
PortReturn = x * r';
for i = 1: 1 000
    PortRisk (i, 1) = x (i,:) * s2 * x (i,:) ';
end
plot (PortRisk, PortReturn, '. ')
```

运行后的图形显示见图 7-1。

投资组合的有效组合应处在投资点的边缘的位置上，这样才能做到收益一定方差最小，或方差一定收益最大。从图 7-1 中可以看出，绝大多数投资组合都不处在有效的位置，需要优化才能获得较好的收益和方差。

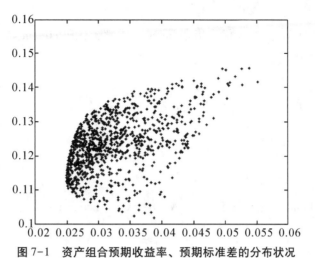

图 7-1　资产组合预期收益率、预期标准差的分布状况

2. 最优组合

M-V 模型为多目标规划问题，可以通过转化为单目标规划求解，控制收益优化风险得到二次规划。二次规划可以求得全局最优解，即：

$$\min\sigma^2 = \sum_i \sum_j x_i x_j \sigma_{ij} = x^T V x$$

$$st: \begin{cases} E(\hat{r}) = xE(r) = \sum_i x_i E(r_i) \geq \mu \\ \sum_i x_i = 1 \end{cases}$$

解　例 7.6（1）

投资决策的规划模型为：

$$\min\sigma^2 = x^T V x$$

$$st: \begin{cases} E(\hat{r}) = xE(r) \geq \mu \\ \sum_{i=1}^3 x_i = 1 \end{cases}$$

其中：$r = (0.1,\ 0.15,\ 0.12)$，$\mu = 0.12$

$$V = diag(s) \times \rho \times diag(s),\ \rho = \begin{pmatrix} 1 & 0.8 & 0.4 \\ 0.8 & 1 & 0.3 \\ 0.4 & 0.3 & 1 \end{pmatrix},\ s = (0.2,\ 0.25,\ 0.18)$$

使用 MATLAB 求解，首先建立目标函数（预期方差）的函数文件，代码 fun8. m 如下：

```
function y = fun (x)
s2 = [0.0400    0.0400    0.0144
      0.0400    0.0625    0.0135
      0.0144    0.0135    0.0324];
```

y = x * s2 * x ';

下面使用 MATLAB 有约束优化指令 fmincon 求解，代码 c08. m 如下：

r = [0. 1 0. 15 0. 12];

x0 = [1 1 1] /3

A = −r

b = −0. 12

Aeq = ones （1, 3）

beq = 1

lb = zeros （1, 3）

[x, fval] = fmincon （@ fun8, x0, A, b, Aeq, beq, lb）

运行结果如下：

x =

　　0. 2299　　0. 1533　　0. 6169

fval =

　　0. 0254

即：当资产组合收益率为 0. 12 时，最优投资组合的三种资产的投资比例为： 0. 229 9　　0. 153 3　　0. 616 9，对应的预期方差为 0. 025 4。

将这一结果显示在图形上，MATLAB 代码 c08. m 如下：

c07

hold on

plot （fval, x * r ', ' ro ', ' MarkerFaceColor ', ' w ', ' MarkerSize ', 12, ' LineWidth ', 2）

运行后图形显示如下：

图 7-2　例 7.6 （1） 投资组合预期收益率与方差分布图

其中，"o" 位置为上述结果所在位置，处在有效位置上。

3. 有效前沿

有效前沿就是所有最佳组合的集合，一般无法用函数表达，可采用均匀选取离散点的方式来表达结果。

解　例 7.6（2）

在 $[0.1, 0.15]$ 均匀选取 $n = 1\,000$ 个资产组合收益率期望值，通过求解 M-V 模型，得到投资组合有效前沿的 1 000 个点，将相同的点合并，即为有效前沿的离散解。

使用 MATLAB 求解，代码 c09.m 如下：

```
n = 1000;
r = [0.1 0.15 0.12];
x0 = [1 1 1] /3;
A = -r;
Aeq = ones (1, 3);
beq = 1;
lb = zeros (1, 3);
k = 0;
[x1, fval] = fmincon (@fun8, x0, A, 0, Aeq, beq, lb);
for i = 0.1: 0.05/n: 0.15
    b = -i;
    [x, fval] = fmincon (@fun8, x0, A, b, Aeq, beq, lb);
    k = k+1;
    Pr (k) = x * r'; Ps2 (k) = fval;
    if sum (x-x1 (size (x1, 1),:) >0.0001) == 1
        x1 = [x1; x];
    end
end
x1
```

运行结果（部分）如下：

```
x1 =
    0.3887    0.0234    0.5879
         0    0.4133    0.5867
    …………
         0    0.9933    0.0067
         0    0.9983    0.0017
```

我们通过绘图，可以显示有效前沿对应的预期收益率、预期标准差所在位置。使用 MATLAB 绘图，代码 c09.m 如下：

```
c07
hold on
```

axis（[0.0200   0.0650   0.1000   0.1520]）

plot（Ps2，Pr，'k'，'linewidth'，2）

运行后的图形显示如图 7-3 所示。

图 7-3　例 7.6（2）有效前沿图

其中，曲线代表资产有效前沿所在位置，处在资产组合收益风险的前段位置上，所以称为有效前沿。

第四节　MATLAB 求解的进一步讨论

非线性规划的算法均具有一定局限性，我们通过两个实例来讨论。

例 7.7　给出测试函数：

$$f(x) = x\sin(10\pi x) + 2, \; x \in [-1, 2]$$

测试一元无约束优化函数指令的效果。

解　使用 MATLAB，代码为 c10.m。

首先，绘制函数图像：

f='x * sin（10 * pi * x）+2'；

fplot（f，[-1，2]）

图形显示如图 7-4 所示。

图 7-4　例 7.7 中测试函数的图像

从图 7-4 中可以看出：函数在区间 $[-1, 2]$ 内的最小值为 $f_{\min} \approx 0$，最小值点为 $x_{\min} \approx 1.95$。

使用 fminbnd 求解：

$[x, fval]$ =fminbnd（'x * sin（10 * pi * x）+2'，-1，2）

结果如下：

x =

　　 0.1564

fval =

　　 1.8468

显然，这一结果不是最小值，测试效果不理想。

可以采用缩小优化区间的方法，克服算法中的一些不足。

x0 = x；fval0 = fval；

n = 100；

for i = 1：n

　　 $[x, fval]$ =fminbnd（'x * sin（10 * pi * x）+2'，-1+3 *（i-1）/n，-1+3 * i/n）；

　　 if fval<fval0

　　　　 x0 = x；fval0 = fval；

　　 end

end

x0，fval0

结果如下：

x0 =

　　 1.9505

fval0 =

　　 0.0497

得到函数在区间 $[-1,2]$ 内的最小值为 $f_{min} = 0.0497$，最小值点为 $x_{min} = 1.9505$。

例 7.8 给出测试函数 rastrigin：

$$f(x) = 20 + x_1{}^2 + x_2{}^2 - 10(\cos2\pi x_1 + \cos2\pi x_2)$$

测试多元无约束优化函数指令的效果。

解 使用 MATLAB，代码为 c11. m。

首先，绘制函数图像：

[x，y] = meshgrid（-2：0.1：2）；

z = 20+x. ^2 +y. ^2 - 10 * （cos（2 * pi * x）+cos（2 * pi * y））；

surf（x，y，z）

通过改变绘图范围得到两个图形，见图 7-5。

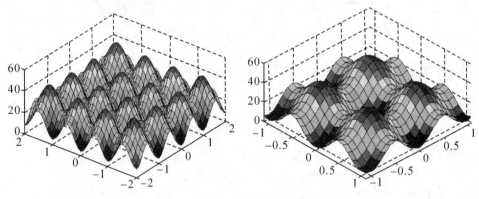

图 7-5　例 7.8 中测试函数的图像

Rastrigin 是一个著名的测试函数。从图 7-5 中可以看出：很难看出最小值点所在位置，[1，1] 点附近的极小值点大约就在 [1，1] 点的位置上。

使用 fminsearch 、fminunc 求解：

z=' 20+x(1)^2 +x(2)^2 - 10 * （cos(2 * pi * x(1))+cos(2 * pi * x(2)))'；

[xx1，zm1] = fminsearch（z，[1，1]）

[xx2，zm2] = fminunc（z，[1，1]）

结果如下：

x1 =

    0. 9950　　0. 9950

zval1 =

    1. 9899

x2 =

    0　　0

zval2 =

    0

两个指令结果不相同，显然 fminsearch 指令在此问题上更合理。fminunc 指令在此问题上求解的结果仍是极小值，但不是最近的极小值。

我们在区域 $x \in [-2, 2]$, $y \in [-2, 2]$ 内通过定步长搜索极值点来获取区域内的最小值点：

k=0；n=10；

for i=1：n+1

　　for j=1：n+1

　　　　k=k+1；

　　　　zmin（1：2, k）=4 * ［i-1；j-1］/n-2；

　　　　［zmin（3：4, k）, zmin（5, k）］=fminsearch（z, zmin（1：2, k））；

　　　　［zmin（6：7, k）, zmin（8, k）］=fminunc（z, zmin（1：2, k））；

　　end

end

zmin

［zz, m］=min（zmin（5,:））；

zmin（3：5, m）

结果如下：

ans =

　　0

　　0

　　0

由此可以看出：此函数在区域 $x \in [-2, 2]$, $y \in [-2, 2]$ 内的最小值点为 ［0, 0］点，最小值为 0。

习题七

1. 使用 MATLAB 求解。

（1）$y = \ln(x^2 + 1)$, $x \in [-1, 2]$ 最大值与最小值。

（2）$z = x^2 + 2y^2 + 2xy - x$ 在 $(-1, 2)$ 附近的最小值。

（3）$\min(2x^2 + 3y^2 + 5z^2)$

$$\begin{cases} 2x - y + 2z = 30 \\ x^2 + y^2 + z^2 \leq 100 \\ x, y, z \geq 0 \end{cases}$$ 在 $(1, 2, 3)$ 附近

2. 某工厂向用户提供发动机，按合同规定，其交货数量和日期是：第一季度末交 40 台，第二季度末交 60 台，第三季度末交 80 台。工厂的最大生产能力为每季度 100 台，每季度的生产费用是 $f(x) = 50x + 0.2x^2$（元）。此处 x 为该季生产发动机的台数。若工厂某季度生产得多，多余的发动机可移到下季度向用户交货。这样，工厂就需支付存贮费，每台发动机每季度的存贮费为 4 元。问：该厂每季度应生产多少台发动机，才能既满足交货合同，又使工厂所花费的费用最少（假定第一季度开始时发动机无存货）？

3. 飞行管理问题

在约 10 000 米高空的某边长 160 千米的正方形区域内，经常有若干架飞机做水平飞行。该区域内每架飞机的位置和速度向量均由计算机记录其数据，以便进行飞行管理。当一架欲进入该区域的飞机到达区域边缘时，记录其数据后，要立即计算并判断是否会与区域内的飞机发生碰撞。如果飞机会发生碰撞，则应计算如何调整各架（包括新进入的）飞机飞行的方向角，以避免发生碰撞。现假定条件如下：

（1）不碰撞的标准为任意两架飞机的距离大于 8 千米；

（2）飞机飞行方向角调整的幅度不应超过 30 度；

（3）所有飞机飞行速度均为每小时 800 千米；

（4）进入该区域的飞机在到达区域边缘时，与区域内飞机的距离应在 60 千米以上；

（5）最多考虑 6 架飞机；

（6）不必考虑飞机离开此区域后的状况。

请你对这个避免碰撞的飞行管理问题建立数学模型，列出计算步骤，对以下数据进行计算（方向角误差不超过 0.01 度），要求飞机飞行方向角调整的幅度尽量小。

设该区域 4 个顶点的坐标为 (0, 0)，(160, 0)，(160, 160)，(0, 160)。记录数据见表 7-2。

表 7-2　　　　　　　　　　　　　飞机管理问题数据表

飞机编号	横坐标 x	纵坐标 y	方向角（度）
1	150	140	243
2	85	85	236
3	150	155	220.5
4	145	50	159
5	130	150	230
新进入	0	0	52

注：方向角指飞行方向与 x 轴正向的夹角

试根据实际应用背景对你的模型进行评价与推广。

第八章　概率模型

概率论是研究随机现象并揭示其统计规律性的一门数学学科。使用概率论知识如随机变量与概率分布等概念和理论建立的数学模型就称为概率模型。由于自然界随机现象存在的广泛性，使得概率模型不仅应用到几乎一切自然科学、技术科学以及经济管理各领域中去，也逐渐渗入我们的日常生活之中。

第一节　MATLAB 概率计算

本节介绍 MATLAB 在概率统计计算中的若干命令和使用格式。

一、概率计算函数

MATLAB 概率计算函数的函数名由"概率分布名"与"概率函数名"两部分通过字符串拼接而成。例如：

normcdf (3, 1, 2)

代表：计算均值为 1、标准差为 2 的正态分布在 3 点分布函数的值。其执行结果为：

ans =

　　0.8413

此函数也可写成：

cdf ('norm', 3, 1, 2)

常见概率分布见表 8-1。

表 8-1　　　　　　　　　　　　常见概率分布表

概率分布	英文函数名	缩写	参数
离散均匀分布	Discrete Uniform	unid	N
二项分布	Binomial	bino	n, p
泊松分布	Poisson	poiss	λ
几何分布	Geometric	geo	p
超几何分布	Hypergeometric	hyge	M, K, N
均匀分布	Uniform	unif	a, b
指数分布	Exponential	exp	λ

表8-1(续)

概率分布	英文函数名	缩写	参数
正态分布	Normal	norm	μ, σ
对数正态分布	Lognormal	logn	μ, σ
χ^2 分布	Chisquare	chi2	ν
F 分布	F	f	$\nu1$, $\nu2$, δ
T 分布	T	t	ν

概率函数见表8-2。

表 8-2   **MATLAB 概率函数表**

函数	功能	说明
pdf (x, A, B, C)	概率密度	x 为分位点，A，B，C 为分布参数
cdf (x, A, B, C)	分布函数	x 为分位点，A，B，C 为分布参数
inv (p, A, B, C)	逆概率分布	p 为概率，A，B，C 为分布参数
stat (A, B, C)	均值与方差	A，B，C 为分布参数
rnd (A, B, C, m, n)	随机数生成	A，B，C 为分布参数，m，n 为矩阵的行、列数

值得注意的是，利用 MATLAB 进行正态分布计算时，参数 A，B 代表均值 μ 和标准差 σ。

例 8.1   二项分布 $b(k; n, p) = C_n^k p^k (1-p)^{n-k}$，$n = 10$，$p = 0.3$

(1) 计算 $X = 0$：10 点的二项分布概率、分布函数的值；

(2) 求二项分布 $p = 0.5$ 的分位点；

(3) 求二项分布均值、方差；

(4) 生成 2 行 5 列的二项分布随机数。

解   使用 MATLAB 求解，代码 c01. m 如下：

```
x=0：10
binopdf (x, 10, 0.3)
binocdf (x, 10, 0.3)
binoinv (0.5, 10, 0.3)
[m, s2] =binostat (10, 0.3)
binornd (10, 0.3, 2, 5)
```

运行后的结果显示如下：

```
x =
0    1    2    3    4    5    6    7    8    9    10
ans =
    0.0282    0.1211    0.2335    0.2668    0.2001    0.1029    0.0368
```

0.0090　　0.0014　　0.0001　　0.0000

　ans =

　　　0.0282　　0.1493　　0.3828　　0.6496　　0.8497　　0.9527　　0.9894

0.9984　　0.9999　　1.0000　　1.0000

　ans =

　　　3

　m =

　　　3

　s2 =

　　　2.1000

　ans =

　　　3　　2　　3　　2　　2
　　　5　　3　　4　　2　　4

例 8.2　正态分布 $N(\mu, \sigma^2)$：$F(x) = \dfrac{1}{\sqrt{2\pi}\,\sigma} \displaystyle\int_{-\infty}^{x} e^{\frac{-(y-\mu)^2}{2\sigma^2}}\, dy$，$\mu = 1$，$\sigma^2 = 4$

（1）计算 $X = 0$：10 点的二项分布概率、分布函数的值；

（2）求二项分布 $p = 0.5$ 的分位点；

（3）求二项分布均值、方差；

（4）生成 2 行 5 列的二项分布随机数。

解　使用 MATLAB 求解，代码 c01.m 如下：

x = 0：10；

normpdf（x, 1, 2）

normcdf（x, 1, 2）

norminv（0.5, 1, 2）

［m, s2］= normstat（1, 2）

normrnd（1, 2, 2, 5）

运行后的结果显示如下：

　ans =

　　　0.1760　　0.1995　　0.1760　　0.1210　　0.0648　　0.0270　　0.0088

0.0022　　0.0004　　0.0001　　0.0000

　ans =

　　　0.3085　　0.5000　　0.6915　　0.8413　　0.9332　　0.9772　　0.9938

0.9987　　0.9998　　1.0000　　1.0000

　ans =

　　　1

　m =

　　　1

s2 =

    4

ans =

| 1.8988 | 2.6521 | 2.7958 | 0.7056 | −3.2473 |
| 1.2013 | 2.0723 | 0.7361 | 3.0155 | −0.0092 |

二、描述统计分析

通过 MATLAB 函数可以计算描述样本的集中趋势、离散趋势、分布特征等的统计量的值。其函数见表 8-3。

表 8-3   MATLAB 描述统计函数表

函数	功能	函数	功能
mean（x）	均值	median（x）	中位数
var（x）	方差	std（x）	标准差
max（x）	最大值	min（x）	最小值
range（x）	极差		
kurtosis（x）	峰度	skcwness（x）	偏度
corrcoef（x）	相关系数	cov（x）	协方差矩阵

其中，若 x 为向量，函数的计算结果为一个常数。若 x 为矩阵，函数对矩阵 x 的每一列进行计算，结果为一行向量。

例 8.3 生成一个正态分布随机阵，计算每列数据的均值、中位数、方差、标准差、相关系数。

解 使用 MATLAB 求解，代码 c02.m 如下：

x=normrnd（0，10，5，5）;
mean（x），median（x）
var（x），std（x）
corrcoef（x），cov（x）

运行后的结果显示如下：

ans =

| −2.3874 | 0.1517 | −5.4452 | −6.9359 | −0.2749 |

ans =

| −3.8258 | 1.3702 | −6.2909 | −5.6066 | 4.4133 |

ans =

| 90.2128 | 14.3939 | 141.6752 | 36.6050 | 360.4762 |

ans =

| 9.4980 | 3.7939 | 11.9027 | 6.0502 | 18.9862 |

```
ans =
     1.0000      0.1514      0.1770      0.1844     -0.4258
     0.1514      1.0000      0.6486      0.8401     -0.1961
     0.1770      0.6486      1.0000      0.9203      0.4876
     0.1844      0.8401      0.9203      1.0000      0.2907
    -0.4258     -0.1961      0.4876      0.2907      1.0000
```

第二节 报童的诀窍

一、问题

报童每天清晨从报社购进报纸零售，晚上将没有卖掉的报纸退回。报童每天如果购进的报纸太少，供不应求，会少赚钱；如果购进太多，供过于求，将要赔钱。请你为报童设计销售策略，确定每天购进报纸的数量，以获得最大的收入。

二、模型的建立与求解

已知：报纸每份的购进价为 b，零售价为 a，退回价为 c，显然 $a > b > c$。则：售出一份报纸赚 $a - b$，退回一份赔 $b - c$。

设：在报童的销售范围内每天报纸需求量为 r，则 r 为随机变量，设其概率分布是 $p(r)$。

设：每天购进量为 n，n 为本问题的决策变量。

则：购进 n 份报纸的销售收入 $G(n)$ 有全部售出、部分售出两种可能。

$$G(n) = \begin{cases} (a-b)n & r \geq n \\ (a-b)r - (b-c)(n-r) & r < n \end{cases}$$

由于需求量 r 是随机的，所以随机变量的函数 $G(n)$ 也是随机的，则此模型的目标函数不能是销售收入，而应该是长期收入的平均值。从概率论的观点看，即为销售收入的数学期望。

$$E(G(n)) = \sum_{r=0}^{n} \left[(a-b)r - (b-c)(n-r) \right]p(r) + \sum_{r=n+1}^{\infty} (a-b)np(r)$$

通常，需求量 r 和购进量 n 都相当大，因此可以将 r 视为连续变量。于是，概率分布 $p(r)$ 就变成概率密度 $f(r)$，则上式变成：

$$E(G(n)) = \int_0^n \left[(a-b)r - (b-c)(n-r) \right]f(r)dr + \int_n^{\infty} (a-b)nf(r)dr$$

$$= (a-c)\int_0^n rf(r)dr - (b-c)n\int_0^n f(r)dr + (a-b)n\int_n^{\infty} f(r)dr$$

目标函数为：

$$\max EG = (a-c)\int_0^n rf(r)dr - (b-c)n\int_0^n f(r)dr + (a-b)n\int_n^{\infty} f(r)dr$$

模型求解：连续函数求驻点，于是对 $E(G(n))$ 求导得：

$$\frac{dEG}{dn} = (a - c)nf(n) - (b - c)\int_0^n f(r)\,dr - (b - c)nf(n) + (a - b)\int_n^\infty f(r)\,dr - (a -$$

$$b)nf(n)$$

$$= -(b - c)\int_0^n f(r)\,dr + (a - b)\int_n^\infty f(r)\,dr$$

令 $\dfrac{dEG}{dn} = 0$，得：

$$\frac{\int_0^n f(r)\,dr}{\int_n^\infty f(r)\,dr} = \frac{(a - b)}{(b - c)}$$

因为 $\int_0^\infty f(r)\,dr = 1$，所以上式可表示为：

$$\int_0^n f(r)\,dr = \frac{a - b}{a - c}$$

此表达式为销售量的分布函数，满足此式中的 n，即为报童最佳销售策略时的报纸购进量。

三、模型应用

例 8.4　报童每天清晨从报社购进报纸零售，若购进价为 $b = 0.3$，零售价为 $a = 1$，退回价为 $c = 0.1$。收集 50 天的销售数据如下：

459，624，509，433，815，612，434，640，565，593，926，164，734，428，593，527，513，474，824，862，775，755，697，628，771，402，885，292，473，358，699，555，84，606，484，447，564，280，687，790，621，531，577，468，544，764，378，666，217，310

确定报童销售策略。

解　使用 MATLAB 软件进行分析，现将数据输入 MATLAB 变量 x 中，代码为 c03. m。

首先需要考察数据的分布状况。将销售数据与服从具有相同均值与标准差的正态分布的随机变量取值在图形中一起显示来考察数据的状况。

```
n = length (x)
m = mean (x)
s = std (x)
plot (sort (x), '*')
holdon
plot (linspace (0, n, 300), norminv (linspace (0, 1, 300), m, s), 'k')
```

运行后的图形显示为图 8-1。

由此可以看出，数据点"＊"与正态分布曲线非常接近，可以判断数据服从正态分布。使用 K-S 检验判断：

图8-1 报纸销售数据分布状况图

[h, p] =kstest (x, [x, normcdf (x, m, s)])

运行后的结果显示如下：

h =

    0

p =

    0.9888

可以以 $p = 0.9888$ 高概率接收数据服从正态分布。

于是，可以使用公式：$\int_0^n f(r)\,dr = \dfrac{a-b}{a-c}$ 求购进量 n。

使用公式：$EG = (a-c)\int_0^n rf(r)\,dr - (b-c)n\int_0^n f(r)\,dr + (a-b)n\int_n^\infty f(r)\,dr$ 求最佳期望收益 EG。

a=0.5, b=0.3, c=0.05

n=norminv ((a-b) / (a-c), m, s)

n=fix (n)

syms r

EG= (a-c) * int (r * 1/ (sqrt (2 * pi) * s) * exp (- (r-m) ^2/ (2 * s^2)), 0, n) - (b-c) * n * normcdf (n, m, s) + (a-b) * n * (1-normcdf (n, m, s))

vpa (EG, 6)

运行后的结果显示如下：

n =

    534

ans =

    78.7587

即：报童最佳销售策略时的报纸购进量为 534，最大期望收益为 78.758 7 元。

第三节 轧钢中的浪费

一、问题

在轧钢厂内，把粗大的钢坯变成合格的钢材通常要经过两道工序：第一道是粗轧（热轧），形成钢材的雏形；第二道是精轧（冷轧），得到规定长度的成品材。粗轧时由于设备、环境等方面的众多因素的影响，得到的钢材的长度是随机的，大体上呈正态分布，其均值可以在轧制过程中由轧机调整设置，而均方差则由设备的精度决定，不能随意改变。如果粗轧后的钢材长度大于规定的长度，精轧时把多出的部分切掉，就会造成浪费；如果粗轧后的钢材比规定长度短，则整根报废，也会造成浪费。

问题：如何设置粗轧的均值，使精轧的浪费最小。

二、模型建立与求解

已知：成品钢材的规定长度为 l，即精轧后钢材的规定长度。粗轧后钢材长度的方差为 σ^2，σ^2 由轧钢厂的工艺水平决定，在不改变工艺设备的条件下，σ^2 不可以改变，但可以测量出来。

设：粗轧时可以调整的均值为 m，为决策变量。记粗轧得到的钢材长度为 x，则 x 为正态随机变量，即：$x \sim N(m, \sigma^2)$。

轧制过程中产生的浪费由两部分组成：若 $x \geq l$，则会切掉多余部分 $x - l$，其对应概率 $P = P(x \geq l)$；若 $x < l$，整根报废，浪费长度为 x，对应概率 $P' = P(x < l)$。

于是，一根粗轧钢材平均浪费长度为：

$$W = \int_l^\infty (x - l) f(x) \, dx + \int_{-\infty}^l x f(x) \, dx$$

$$= \int_{-\infty}^\infty x f(x) \, dx - \int_l^\infty l f(x) \, dx$$

其中：钢材长度的概率密度函数 $f(x)$，是均值为 m、方差为 σ^2 的正态分布的分布密度。

因为 $\int_{-\infty}^\infty x f(x) \, dx = m$，$\int_l^\infty f(x) \, dx = P$

所以，$W = \int_{-\infty}^\infty x f(x) \, dx - l \int_l^\infty f(x) \, dx = m - lP$

本问题是一个最优化问题，决策变量为可设置的粗轧均值 m，接下来是建立合适的目标函数。问题是以一根粗轧钢材平均浪费长度 W 是一个合适的目标函数吗？

由于粗轧钢材的长度由设置的粗轧均值 m 决定，m 的改变必然导致 W 的改变，无法进行统一比较，所以 W 不是一个合适的目标函数。由于成品钢材的规定长度 l 是一个确定的值，以一根成品钢材的平均浪费长度作为评判浪费的标准更具有科学性。于是，得到的目标函数为：一根成品钢材的平均浪费长度最小。

因为，N 根粗轧钢材平均浪费长度为：

$W = m - lP$

N 根粗轧钢材平均生产成品钢材的根数为：

NP

所以，一根成品钢材的平均浪费长度为：

$$\frac{mN - lPN}{PN} = \frac{m}{P} - l$$

由于成品钢材的规定长度 l 是一个确定的值，不影响最优化决策，所以，取目标函数为第一项。

建立优化模型：

$$\min J(m) = \frac{m}{P(m)}$$

其中：$P(m) = \int_l^\infty f(x)\,dx$，$f(x) = \frac{1}{\sqrt{2\pi}\,\sigma} e^{-\frac{(x-m)^2}{2\sigma^2}}$

显然，$J(m)$ 过于复杂，使用分析方法求解难度较大，一般采用计算机搜索的方法。

三、模型应用

例 8.5　在轧钢中，设成品钢材的规定长度 l 为 2 米，粗轧后钢材长度的根方差 σ 为 20 厘米，求粗轧时设定均值 m 的值，使浪费最小。

解　使用 MATLAB 计算

建立目标函数的 MATLAB 函数文件，代码 jm.n 如下：

```
function f=jm (l, m, sigma)
f=m/ (1-normcdf (l, m, sigma) +eps);
```

绘制目标函数图形，考察函数的变化形态，代码 c04.m 如下：

```
l=2, sigma=0.20,
for i=1：100
    m=1.8+i*0.01;%1.5-3.5
    m1 (i) =m;
    f (i) =jm (l, m, sigma);
end
plot (m1, f, 'r')
```

运行后显示的图形见图 8-2。

图 8-2　例 8.5 中目标函数图形

函数具有最小值，采用定步长搜索最优解：

m0 = 1；

m1 = jm（1，m0，sigma）；

for m = 1：0.000 1：4

　　if m1>jm（1，m，sigma）

　　　　m1 = jm（1，m，sigma）；

　　　　m0 = m；

　　end

end

m0

运行结果如下：

m0 =

　　2.3562

即：粗轧时设定均值的值为 2.356 2 米，浪费最小。

四、进一步讨论

如果认为使用概率论的方法很复杂，也可选择计算机模拟来避开复杂的概率分析。算法如下：

构建两重循环，外循环为定步长搜索，内循环为模拟初轧长度。

Step1 设定粗轧长度均值的搜索区间、步长，构造循环，执行 Step2～Step4，记录并搜索平均浪费长度最小值及其对应的粗轧长度均值；

Step2 设定模拟循环次数，构建循环，进入 Step3；

Step3 循环体内随机生成正态随机数作为粗轧时的长度，计算浪费的成品钢个数；

Step4 在 Step2、Step3 循环结束后，计算一根成品钢材的平均浪费长度；

Step5 最终得到最佳粗轧时设定均值，结束。

以例 8.5 为例，MATLAB 代码为 c05.m。

```
L=2, sigma=0.20
N=1000;%100
minj=inf;
for m=2.2: 0.0001: 2.5 %2: 0.001: 3
    y=0; z=0;
    for i=1: N
        x=normrnd (m, sigma);
        z=z+x;
        if x>=L
            y=y+1;
        end
    end
    if (z-y*L) /y<minj
        minj= (z-y*L) /y;
        m0=m;
    end
end
m0
```

运行结果如下：

```
m0 =
    2.3559
```

多次模拟，结果会略有差别，与概率计算结果具有较小差别。

习题八

1. 使用 MATLAB 概率计算

（1）设 $X \sim N(350, 350^2)$，求：概率 $P(X > 250)$；

（2）设 $X \sim P(4)$ 柏松分布，求：X_0 为何值时，$P(X \leqslant X_0)$ 达到 0.5。

2. 某人定点投篮投中率为 0.3，求：

（1）投篮 10 次，命中 5 次的概率；

（2）投篮几次，命中达到或超过 5 次的概率达到 0.5。

3. 模拟

在篮球比赛中，某人罚球投中率为 0.3，若罚球均为 1+1 罚球，此人投罚球 10 次。求：

（1）此人投罚球投中 5 分及以上的概率；

（2）此人投罚球得多少分的概率最大。

第九章 统计分析模型

数理统计学是以概率论为基础，对随机数据进行搜集、整理、分析和推断的一门学科。数理统计学内容庞杂，分支学科很多，包括描述统计分析、参数估计、非参数检验、假设检验、方差分析、相关分析、回归分析、聚类分析、因子分析、时间序列分析等。经过数理统计法求得各变量之间的函数关系，称为统计模型。在对自然科学、社会科学、国民经济重大问题等的研究中，常常需要有效地运用数据搜集与数据处理、多种模型与技术分析、社会调查与统计分析等，以便对问题进行推断或预测，从而对决策和行动提供依据和建议。于是，统计分析模型就成为应用最广泛的数学模型之一。

第一节　MATLAB 统计工具箱

统计工具箱基于 MATLAB 数值计算环境，支持范围广泛的统计计算任务。它包括200 多个处理函数，概率计算和描述统计分析在第八章已介绍过。其他主要应用包括以下几个方面：

一、参数估计

已知总体分布，通过样本统计量估计总体参数如均值、方差的方法称为参数估计。通过 MATLAB 进行参数估计的函数见表 9-1。

表 9-1　　　　　　　　　　MATLAB 参数估计函数表

函数	功能	说明
［muhat，sigmahat，muci，sigamaci］=分布 +fit（x，alpha）	参数估计	总体为正态分布输入：数据、显著性水平 输出：均值点估计、方差点估计、均值置信区间、方差置信区间
［phat，pci］=mle［'dist'，data，alpha］	最大似然估计	输入：分布、数据、显著性水平 输出：点估计、置信区间

例 9.1　某班某课程的期末成绩见 c01.m。

参数估计的 MATLAB 代码 c01.m 如下：

［muhat，sigmahat，muci，sigamaci］=normfit（x，0.05）

［muhat，sigmahat］=mle（'norm'，x）

运行结果如下：

muhat =

77.4118

sigmahat =

15.3417

muci =

73.0968

81.7267

sigamaci =

12.8365

19.0709

phat =

77.4118   15.1905

pci =

73.0968   12.8365

81.7267   19.0709

二、非参数检验

在总体方差未知或知道甚少的情况下，利用样本数据对总体分布形态等进行推断的方法，称为非参数检验。通过 MATLAB 进行非参数检验的函数见表 9-2。

表 9-2　　　　　　　　　　MATLAB 非参数检验函数表

函数	功能	说明
[h, p, kstat, critval] = lillietest (x, al-pha)	小样本正态检验	输入：数据、显著性水平 输出：结果、相伴概率、检验统计量、分位点
[h, p, jbstat, cv] = jbtest (x, alpha)	大样本正态检验	
[h, p, ksstat, cv] = kstest (x)	标准正态检验	
[h, p, ksstat, cv] = kstest (x, cdf, alpha, tail)	单样本 K-S 检验	
[h, p, ks2stat] =kstest2 (x, y)	双样本 K-S 检验	
[p, h, state] = ranksum (x, y, alpha)	U 检验：中位数比较	
[p, h, state] =signrank (x, y)	相同维数：中位数比较	
cdfplot (x)	分布图	

由于原假设称为零假设，备择假设称为一假设，所以，h = 0 代表接受原假设，h = 1 代表拒绝原假设。

例 9.2　利用 MATLAB 自带数据：石油价格 gas.mat，检验两组数据是否为正态分布，两组数据分布是否相同？

非参数检验的 MATLAB 代码 c02. m 如下：

load gas

［h, p, s］=lillietest（price1）

［h, p, s］=kstest2（price1, price2）

运行结果如下：

h =

    0

p =

    0. 5000

s =

    0. 0940

h =

    0

p =

    0. 0591

s =

    0. 4000

三、假设检验

根据假设条件由样本推断总体的一种方法称为假设检验。通过 MATLAB 进行假设检验的函数见表9-3。

表 9-3　　　　　　　　　　MATLAB 假设检验函数表

函数	功能	说明
［h, sig, ci, zval］=ztest（x, m, sigma, alpha, tail）	z 检验	方差已知 输入：数据、均值、方差、显著性水平、选项 输出：结果、相伴概率、区间估计、统计量
［h, sig, ci, stats］=ttest（x, m, alpha, tail）	t 检验	方差未知
［h, sig, ci, stats］=ttest2（x, m, alpha, tail）	双样本 t 检验	方差未知

例 9.3　某班某课程的期末成绩见 c03. m。

假设检验的 MATLAB 代码 c03. m 如下：

［h, sig, ci, stats］=ttest（x, 80）

［h, sig, ci, stats］=ttest2（x, y）

运行结果如下：

```
h =
     0
sig =
     0.2498
ci =
   71.8252
   82.1748
stats =
tstat：-1.1644
df：50
sd：18.3989
h =
     0
sig =
     0.9026
ci =
   -7.0670
    6.2435
stats =
tstat：-0.1227
df：100
sd：16.9394
```

四、方差分析

方差分析（Analysis of Variance，ANOVA）又称"变异数分析"，是指用于两个及两个以上样本均数差别的显著性检验。通过 MATLAB 进行方差分析的函数见表9-4。

表9-4   MATLAB 方差分析函数表

函数	功能	说明
[p, anovatab, stats] = anova1（x, group, displayopt）	单因素方差分析	输入：数据、分组、显示选项 输出：概率、方差分析表、结构
[c, m] = multcompare（stats）	多重均值比较	相伴指令
[p, table, stats] = anova2（x, reps, displayopt）	多因素方差分析	

例 9.4   利用 MATLAB 自带数据：乳杆菌 hogg.mat，检验五组数据是否有显著性差异？

方差分析的 MATLAB 代码 c04.m 如下：

```
load hogg
```

[p，anovatab，stats] =anova1（hogg）

[c，m] =multcompare（stats）

部分运行结果如下：

p =

  1.1971e-004

stats =

gnames：[5x1 char]

n：[6 6 6 6 6]

source：'anova1'

means：[23.8333 13.3333 11.6667 9.1667 17.8333]

df：25

s：4.720 9

ANOVA Table

Source	SS	df	MS	F	Prob>F
Columns	803	4	200.75	9.01	0.0001
Error	557.17	25	22.287		
Total	1360.17	29			

图 9-1　方差分析表

图 9-2　箱形图

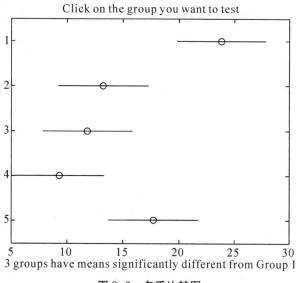

图 9-3　多重比较图

　　另两个方差分析例子的 MATLAB 代码 c05. m、c06. m，请读者自行分析。

五、回归分析

　　确定两种或两种以上变量间相互依赖的定量关系的统计分析方法称为回归分析。回归分析分为一元回归、多元回归以及线性回归和非线性回归等。通过 MATLAB 进行回归分析的函数见表 9-5。

表 9-5　　　　　　　　　　　MATLAB 回归分析函数表

函数	功能	说明
[b, bint, r, rint, stats] = regress (y, x, alpha)	线性回归	输入：被解释变量列、解释变量矩阵、显著性水平 输出：系数估计值、置信区间、残差估计值、置信区间、拟合优度检验值（R^2, F, p, s^2）
rcoplot (r, rint)	残差分析图	相伴指令
rstool (x, y)	回归交互窗口	线性
stepwise (x, y)	逐步回归交互窗口	线性
[beta, R, J] = nlinfit (x, y, 'model', beta0)	非线性回归	输入：解释变量、被解释变量、模型函数、参数初值 输出：参数估计值、残差、预测误差的 Jacobi 矩阵
betaci = nlparci (beta, R, J)	置信区间	相伴指令
nlintool (x, y, 'model', beta)	回归交互窗口	非线性

例 9.5 样本数据 A 见 c07. m。

回归分析的 MATLAB 代码 c07. m 如下：

```
y=A (:, 5)
x= [ones (size (y) ), A (:, 4) ]
[b, bint, r, rint, stats] =regress (y, x)
```

部分运行结果如下：

```
b =
    7.8141
    2.6652
bint =
    7.6505    7.9777
    2.1357    3.1947
stats =
    0.7915    106.3028    0.0000    0.1002
```

六、主成分分析、因子分析

主成分分析、因子分析均为把多个存在较强的相关性的变量综合成少数几个不相关的综合变量来研究总体各方面信息的多元统计方法。主成分分析是将主成分表示为原观测变量的线性组合，因子分析则是将原观测变量分解成公共因子和特殊因子两部分。通过 MATLAB 进行主成分分析、因子分析的函数见表9-6。

表 9-6   MATLAB 主成分分析、因子分析函数表

函数	功能	说明
X=zscore (x)	标准化	
[coeff, score, latent, tsquared] =prin-comp (x)	主成分分析	输入：样本数据需标准化 输出：特征向量矩阵、主成分得分、特征值、奇异点判别统计量
[coeff, latent, explained] =pcacov (v)	主成分分析	输入：协方差矩阵 输出：特征向量矩阵、特征值、方差贡献率
[lambda, psi, T, stats, F] =factoran (X, m)	因子分析	输入：观测数据、因子个数 输出：载荷矩阵，方差最大似然估计，旋转矩阵，统计量（loglike 对数似然函数最大值、dfe 误差自由度、chisq 近视卡方检验统计量、p 相伴概率），因子得分默认：因子旋转——方差最大法

例 9.6 利用 MATLAB 自带数据：城市生活质量 cities. mat，将指标（climate, housing, health, crime, transportation, education, arts, recreation, economics）进行缩减。

主成分分析的 MATLAB 代码 c08. m 如下：

load cities

X = zscore（ratings）;

［coeff, score, latent, tsquared］= princomp（X）

部分运行结果如下：

coeff =

0.2064	0.2178	−0.6900	0.1373	0.3691	−0.3746	0.0847
−0.3623	0.0014					
0.3565	0.2506	−0.2082	0.5118	−0.2335	0.1416	0.2306
0.6139	0.0136					
0.4602	−0.2995	−0.0073	0.0147	0.1032	0.3738	−0.0139
−0.1857	−0.7164					
0.2813	0.3553	0.1851	−0.5391	0.5239	−0.0809	−0.0186
0.4300	−0.0586					
0.3512	−0.1796	0.1464	−0.3029	−0.4043	−0.4676	0.5834
−0.0936	0.0036					
0.2753	−0.4834	0.2297	0.3354	0.2088	−0.5022	−0.4262
0.1887	0.1108					
0.4631	−0.1948	−0.0265	−0.1011	0.1051	0.4619	0.0215
−0.2040	0.6858					
0.3279	0.3845	−0.0509	−0.1898	−0.5295	−0.0899	−0.6279
−0.1506	−0.0255					
0.1354	0.4713	0.6073	0.4218	0.1596	−0.0326	0.1497
−0.4048	0.0004					

latent =

3.4083

1.2140

1.1415

0.9209

0.7533

0.6306

0.4930

0.3180

0.1204

七、聚类分析

聚类分析是对样品或指标进行分类的一种多元统计分析。在 MATLAB 中，聚类分析是通过多个函数完成的，见表 9-7。

表 9-7   MATLAB 聚类分析函数表

函数	功能	说明
X＝zscore（x）	标准化	
Y＝pdist（X，'metric'）	距离	默认欧式平方距离
Y＝squareform（y）	距离矩阵	
Z＝linkage（y，method）	组间距离	'single'，'complete'，'average'，'weighted'，'centroid'，'median'，'ward'
dendrogram（Z）	聚类树	
T＝cluster（Z，'maxclust，，n）	类成员	

例 9.7 我国某年份省、市、自治区的生活质量数据见 c09. m，利用此数据将各省归类。

聚类分析的 MATLAB 代码 c09. m 如下：

X＝zscore（data）；

y＝pdist（X）

Y＝squareform（y）

Z＝linkage（y）

dendrogram（Z）

plot（Z（:，3），'*'）

T＝cluster（Z，'maxclust'，3）'

部分运行结果如下：

Z ＝

26. 0000	28. 0000	0. 4533
1. 0000	2. 0000	0. 5490
12. 0000	18. 0000	0. 6079
24. 0000	25. 0000	0. 6178
13. 0000	34. 0000	0. 6703
27. 0000	35. 0000	0. 6950
19. 0000	21. 0000	0. 7205
30. 0000	32. 0000	0. 7225
17. 0000	36. 0000	0. 7286
38. 0000	39. 0000	0. 8043
20. 0000	41. 0000	0. 8257
10. 0000	11. 0000	0. 8459
15. 0000	40. 0000	0. 8484
37. 0000	42. 0000	0. 8831
4. 0000	5. 0000	0. 9433
29. 0000	45. 0000	1. 0041

14.0000	44.0000	1.0049
47.0000	48.0000	1.1031
9.0000	43.0000	1.1631
22.0000	49.0000	1.2214
50.0000	51.0000	1.2389
23.0000	52.0000	1.2440
6.0000	7.0000	1.2443
3.0000	33.0000	1.2660
53.0000	54.0000	1.2820
8.0000	46.0000	1.3359
16.0000	56.0000	1.4762
31.0000	58.0000	1.5585
55.0000	57.0000	1.6637
59.0000	60.0000	1.7642

图 9-4 树形图

图 9-5 碎石图

T =

1	1	1	2	2	3	3	2	3	3	3	3
3	3	3	3	3	3	3	3	3	3	3	3
3	3	3	3	3							

第二节　牙膏销售量

一、问题提出

某大型牙膏制造企业为了更好地拓展产品市场，有效地管理库存，公司董事会要求销售部门根据市场调查，找出公司生产的牙膏销售量价格、广告投入等之间的关系，从而预测出在不同价格和广告费用下的销售量。为此，销售部的研究人员搜集了过去 30 个销售周期（每个销售周期为 4 周）公司生产的牙膏销量、销售价格、投入的广告费用，以及同期其他厂家生产的同类牙膏的平均销售价格，见表 9-8。

表 9-8　　　　　　　　牙膏销售量与销售价格、广告费用等数据

销售周期	公司销售价格（元）	其他厂家平均价格（元）	广告费用（百万元）	价格差（元）	销售量（百万支）
1	3.85	3.80	5.50	-0.05	7.38
2	3.75	4.00	6.75	0.25	8.51
3	3.70	4.30	7.25	0.60	9.52
4	3.70	3.70	5.50	0	7.50
5	3.60	3.85	7.00	0.25	9.33
6	3.60	3.80	6.50	0.20	8.28
7	3.60	3.75	6.75	0.15	8.75
8	3.80	3.85	5.25	0.05	7.87
9	3.80	3.65	5.25	-0.15	7.10
10	3.85	4.00	6.00	0.15	8.00
11	3.90	4.10	6.50	0.20	7.89
12	3.90	4.00	6.25	0.10	8.15
13	3.70	4.10	7.00	0.40	9.10
14	3.75	4.20	6.90	0.45	8.86
15	3.75	4.10	6.80	0.35	8.90
16	3.80	4.10	6.80	0.30	8.87
17	3.70	4.20	7.10	0.50	9.26
18	3.80	4.30	7.00	0.50	9.00
19	3.70	4.10	6.80	0.40	8.75
20	3.80	3.75	6.50	-0.05	7.95
21	3.80	3.75	6.25	-0.05	7.65
22	3.75	3.65	6.00	-0.10	7.27
23	3.70	3.90	6.50	0.20	8.00
24	3.55	3.65	7.00	0.10	8.50
25	3.60	4.10	6.80	0.50	8.75
26	3.65	4.25	6.80	0.60	9.21
27	3.70	3.65	6.50	-0.05	8.27
28	3.75	3.75	5.75	0	7.67
29	3.80	3.85	5.80	0.05	7.93
30	3.70	4.25	6.80	0.55	9.26

注：价格差是指其他厂家平均价格与公司销售价格之差

试根据这些数据建立一个数学模型，分析牙膏销售量与其他因素的关系，为制定价格策略和广告投入策略提供数据依据。

二、模型建立与求解

在寻找变量间依赖关系时，有时无法用机理分析方法导出其模型，于是可使用数理统计法分析观测数据得到变量之间的函数关系，用于预测、控制等问题。在经济研究中这种特点尤其显著，比如牙膏销售量就是此类问题。

这里我们的分析不涉及统计分析的数学原理，而是通过建立统计模型，应用数学软件求解分析，来学习统计模型解决实际问题的基本方法。

由于牙膏是生活必需品，对大多数顾客来说，在购买同类产品的牙膏时更多地会在意不同品牌之间的价格差异，而不是它们的价格本身。因此，在研究各个因素对销售量的影响时，用价格差代替公司销售价格和其他厂家的平均价格更为合适。

记牙膏销售量为 y，公司投入的广告费用为 x_2，其他厂家的平均价格与公司销售价格分别为 x_3 和 x_4，其他厂家的平均价格与公司销售价格之差（价格差）为 $x_1 = x_3 - x_4$。基于上面的分析，我们利用 x_1 和 x_2 来建立 y 的预测模型。

1. 模型建立

首先，利用图形观察数据关系，使用 MATLAB 进行分析，先将数据保存在 c10.m 中，使用绘图指令绘制 y 对 x_1 与 x_2 的散点图，代码 c11.m，结果见图 9-6 和图 9-7。

图 9-6　y 对 x_1 的散点图

图 9-7　y 对 x_2 的散点图

从图 9-6、图 9-7 中可以看出，x_1，x_2 与 y 明显具有关系，是线性关系吗？再看图 9-8 和图 9-9。

图 9-8　y 与 x_1 的关系图

图 9-9　y 与 x_2 的关系图

从这两个图中更容易看出，x_1 与 y 具有线性关系：

$$y = \beta_0 + \beta_1 x_1 + \varepsilon$$

x_2 与 y 具有二次函数关系：

$$y = \beta_0 + \beta_1 x_2 + \beta_2 x_2^2 + \varepsilon$$

其中：ε 是随机误差。

综上分析，建立如下回归模型：

$$y = \beta_0 + \beta_1 x_1 + \beta_2 x_2 + \beta_3 x_2^2 + \varepsilon$$

其中：回归系数 β_0，β_1，β_2，β_3 为待估参数，随机误差 ε 服从均值为 0 的正态分布。

2. 模型求解

利用 MATLAB 回归函数求解，求解代码 c12. m 如下：

```
clo
x = [ones (size (x1)), x1, x2, x2.^2];
[b, bint, r, rint, stats] = regress (y, x)
```

部分运行结果如下：

```
b =
    17. 3244
     1. 3070
    -3. 6956
     0. 3486
bint =
     5. 7282    28. 9206
     0. 6829     1. 9311
    -7. 4989     0. 1077
     0. 0379     0. 6594
stats =
     0. 9054    82. 9409     0. 0000     0. 0490
```

其中，b 表示回归系数估计值，bint 表示回归系数区间估计，stats 表示拟合优度检验 R^2，F，p，s^2 值。

于是得到模型的回归系数的估计值及其置信区间（置信水平 $\alpha = 0.05$）、检验统计量 R^2，F，p，s^2 的结果，见表 9-9。

表 9-9   模型的计算结果

参数	参数估计	参数置信区间
β_0	17. 3244	[5. 7282, 28. 9206]
β_1	1. 3070	[0. 682 9, 1. 9311]

表9-9(续)

参数	参数估计	参数置信区间
β_2	-3.6956	$[-7.4989, 0.1077]$
β_3	0.3486	$[0.0379, 0.6594]$
$R^2 = 0.9054$　　　　$F = 82.9409$　　　　$p = 0.0000$　　　　$s^2 = 0.0490$			

结果显示，$R^2 = 0.9054$ 是指因变量 y 的90.54%可由模型确定，F 值远远超过 F 检验的临界值，p 远远小于 α ，因此回归模型整体显著。

在回归系数中，β_2 的置信区间包含零点（但区间右端点距零点很近），表明回归变量 x_2（对因变量 y 的影响）不太显著，须对模型表达式进行改进。但由于 $x_2{}^2$ 是显著的，我们仍需将变量 x_2 保留在模型中。

3. 模型应用

把回归系数的估计值代入模型，即可预测公司未来某个销售周期牙膏的销售量 y ，将预测值记为 $\hat{y}$ ，得到模型的预测方程：

$$\hat{y} = \hat{\beta}_0 + \hat{\beta}_1 x_1 + \hat{\beta}_2 x_2 + \hat{\beta}_3 x_2^2$$

其中：$\hat{\beta}_0 = 17.3244$，$\hat{\beta}_1 = 1.3070$，$\hat{\beta}_2 = -3.6956$，$\hat{\beta}_3 = 0.3486$。

只需知道该销售周期的价格差 x_1 和投入的广告费用 x_2，就可以计算预测值 $\hat{y}$ 。

其中，$x_1 = x_3 - x_4$，公司无法直接确定价格差 x_1，因为其他厂家的价格不是公司所能控制的。但是其他厂家的平均价格一般可以根据市场情况及原材料的价格变化等估计，只要调整公司的牙膏销售价格便可设定回归变量价格差 x_1 的值。

设控制价格差 $x_1 = 0.2$ 元，投入广告费 $x_2 = 650$ 万元，得：

$$\hat{y} = \hat{\beta}_0 + \hat{\beta}_1 x_1 + \hat{\beta}_2 x_2 + \hat{\beta}_3 x_2^2 = 8.2933 \text{（百万支）}$$

代入公式计算还可得到在95%的置信度下销售量的预测区间为 $[7.8239, 8.7636]$，其中上限用作库存管理的目标值。

若估计 $x_3 = 3.9$，而设定 $x_4 = 3.7$，可以有95%的把握知道销售额在 $7.8320 \times 3.7 \approx 29$ 百万元以上，以此可作为财政预算的参考数据。

三、模型改进

1. 改进模型

$$y = \beta_0 + \beta_1 x_1 + \beta_2 x_2 + \beta_3 x_2^2 + \varepsilon$$

在回归系数中，因为回归变量 x_2 系数 β_2 的估计值不太显著，所以需要改进。

上述模型中，回归变量 x_1，x_2 对因变量 y 的影响是相互独立的，即牙膏销售量 y 的均值和广告费用 x_2 的二次关系由回归系数 β_2，β_3 确定，而不依赖于价格差 x_1；同样，y 的均值与 x_1 的线性关系由回归系数 β_1 确定，而不依赖于 x_2。现在来考察 x_1 和 x_2 之间的交互作用会对 y 有何影响。可以简单地用 x_1，x_2 的乘积代表他们的交互作用，将模型增

加一项:

$$y = \beta_0 + \beta_1 x_1 + \beta_2 x_2 + \beta_3 x_2^2 + \beta_4 x_1 x_2 + \varepsilon$$

2. 模型求解

利用 MATLAB 回归函数求解,求解代码 c13. m 如下:

```
clc, clear
c10
x = [ones (size (x1)), x1, x2, x2.^2, x1.*x2];
[b, bint, r, rint, stats] = regress (y, x)
```

运行结果见表 9-10。

表 9-10　　　　　　　　　　　模型的计算结果

参数	参数估计	参数置信区间
β_0	29. 1133	[13. 7013, 44. 5252]
β_1	11. 1342	[1. 9778, 20. 2906]
β_2	−7. 6080	[−12. 6932, −2. 5228]
β_3	0. 6712	[0. 2538, 1. 0887]
β_4	−1. 4777	[−2. 8518, −0. 1037]
$R^2 = 0.9209$　F = 72. 7771　p = 0. 0000　$s^2 = 0.0426$		

从 R^2, F, p, s^2 可以看出,模型整体显著,并且参数置信区间不再跨越零点,与表 9-9 的模型结果相比,R^2 有所提高,说明模型有所改进,更符合实际。

使用新模型对该公司的牙膏销售量做预测,仍设在某个销售周期中,维持产品的价格差 $x_1 = 0.2$ 元,并投入 $x_2 = 6.5$ 百万元的广告费用,则该周期牙膏销售量 y 的估计值为 $\hat{y} = 8.3253$ 百万支,置信度为 95% 的预测区间为 [7.8953, 8.7592],与上一模型的结果相比,$\hat{y}$ 略有增加,而预测区间长度缩短,表示预测精度提高。

3. 模型应用

为了解 x_1 和 x_2 之间的相互作用,考察模型的预测方程:

$$\hat{y} = 29.1133 + 11.1342 x_1 - 7.6080 x_2 + 0.6712 x_2^2 - 1.4777 x_1 x_2$$

如果取价格差 $x_1 = 0.1$ 元,代入可得:

$$\hat{y}|_{x_1 = 0.1} = 30.2267 - 7.7558 x_2 + 0.6721 x_2^2$$

再取 $x_1 = 0.3$ 元,代入可得:

$$\hat{y}|_{x_1 = 0.3} = 32.4536 - 8.0513 x_2 + 0.6721 x_2^2$$

它们均为 x_2 的二次函数,使用 MATLAB 绘图,代码为 c14. m,运行后显示的图形见图 9-10。

图 9-10　牙膏销售量与广告费用关系图

由此可以看出，当 $x_2 < 7.536\,0$ 时，总有 $\hat{y}|_{x_1=0.3} > \hat{y}|_{x_1=0.1}$，即若广告费用不超过 7.5 百万元，价格优势会使销售量增加。

当 $x_2 \geq 7.536\,0$ 时，两条曲线几乎合在一起，说明广告投入达到一定数量，价格已经不太重要！

4. 其他

MATLAB 有一个特殊的线性回归工具：响应面分析，函数名及使用格式为：

rstool（X，Y，model）

其中：X 为解释变量取值矩阵，Y 为被解释变量取值向量。

例如，牙膏销售量问题使用 rstool 求解，输入：

rstool（[x1 x2]，y）

执行后会跳出一个交互页面，见图 9-11。

图 9-11　响应面分析图

在图的左下方可选择模型的类型，比如选择 Full Quadratic 选项，则使用的模型为完全二次多项式模型：

$$y = \beta_0 + \beta_1 x_1 + \beta_2 x_2 + \beta_3 x_1 x_2 + \beta_4 x_1^2 + \beta_5 x_2^2 + \varepsilon$$

在图的下方的输出框内输入数据，可改变 x_1 和 x_2 的数值，当 $x_1 = 0.2$，$x_2 = 6.5$ 时，左边的窗口显示 8. 3092 ± 0. 2558，即预测值 $\hat{y}$ = 8. 3092，预测区间为 8. 3092 ± 0. 2558 = ［8. 0471，8. 5587］，与前面的模型结果相差不大。

点击左下方输出 Export 按钮，可以得到模型的回归系数的估计值。

三、评注

从以上分析可以看出，回归模型的建立可通过对数据本身、图形特征实际经验来确定回归变量以及函数形式。

回归模型的求解必须包含显著性检验，如 R^2、F 值、p 值等统计量，每个回归系数可通过回归系数的置信区间是否包含零点来判断显著性，若模型的解释力度不够，还可以通过对模型添加二次项、交叉项等来改进模型。

MATLAB 求解回归模型的功能强大且易于二次开发。

第三节 软件开发人员的薪金

一、问题提出

一家高技术公司人事部门为研究软件开发人员的薪金与他们的资历、管理责任、教育程度等之间的关系，计划建立一个模型，以便分析公司人事策略的合理性，并作为新聘用人员薪金的参考。他们认为，目前公司人员的薪金总体上是合理的，可以作为建模的依据，于是调查了 46 名软件开发人员的档案资料，如表 9-11 所示。其中，"资历"列指从事专业工作的年数，"管理"列中 1 表示管理人员、0 表示非管理人员，"教育"列中 1 表示中学程度、2 表示大学程度、3 表示更高程度（研究生）。

表 9-11　软件开发人员的薪金与他们的资历、管理责任、教育程度之间的关系

编号	薪金（元）	资历（年）	管理	教育	编号	薪金（元）	资历（年）	管理	教育
1	13 876	1	1	1	24	22 884	6	1	2
2	11 608	1	0	3	25	16 978	7	1	1
3	18 701	1	1	3	26	14 803	8	0	2
4	11 283	1	0	2	27	17 404	8	1	1
5	11 767	1	0	3	28	22 184	8	1	3
6	20 872	2	1	2	29	13 548	8	0	1
7	11 772	2	0	2	30	14 467	10	0	1
8	10 535	2	0	1	31	15 942	10	0	2
9	12 195	2	0	3	32	23 174	10	1	3
10	12 313	3	0	2	33	23 780	10	1	2

表9-11(续)

编号	薪金(元)	资历(年)	管理	教育	编号	薪金(元)	资历(年)	管理	教育
11	14 975	3	1	1	34	25 410	11	1	2
12	21 371	3	1	2	35	14 861	11	0	1
13	19 800	3	1	3	36	16 882	12	0	2
14	11 417	4	0	1	37	24 170	12	1	3
15	20 263	4	1	3	38	15 990	13	0	1
16	13 231	4	0	3	39	26 330	13	1	2
17	12 884	4	0	2	40	17 949	14	0	2
18	13 245	5	0	2	41	25 685	15	1	3
19	13 677	5	0	3	42	27 837	16	1	2
20	15 965	5	1	1	43	18 838	16	0	2
21	12 366	6	0	1	44	17 483	16	0	1
22	21 351	6	1	3	45	19 207	17	0	2
23	13 839	6	0	2	46	19 346	20	0	1

二、模型的建立与求解

1. 模型建立

本问题涉及的变量有:

薪金 y(单位:元),为被解释变量。

资历 x_1(单位:年),按照经验,薪金自然随着资历的增长而增加。

是否为管理人员 x_2,$x_2 = \begin{cases} 1, & 管理人员 \\ 0, & 非管理人员 \end{cases}$,管理人员的薪金应高于非管理人员。

一般来说,教育程度越高薪金也越高。在软件行业并非一定学历越高薪金越高,并且高低不呈线性关系。因此,将教育程度分解成两个变量:

$$x_3 = \begin{cases} 1, & 中学 \\ 0, & 其他 \end{cases}, x_4 = \begin{cases} 1, & 大学 \\ 0, & 其他 \end{cases}$$

假设:资历、管理水平、教育程度分别对薪金的影响是线性的,管理责任、教育程度、资历诸因素之间没有交互作用。

建立薪金与资历 x_1,管理责任 x_2,教育程度 x_3,x_4 之间的多元线性回归方程为:
$$y = a_0 + a_1 x_1 + a_2 x_2 + a_3 x_3 + a_4 x_4 + \varepsilon$$
其中:a_0,a_1,a_2,a_3,a_4 为回归系数,ε 为随机误差。

2. 模型求解

利用 MATLAB 回归函数求解,现将数据存入 c15.m 中。模型求解代码 c16.m

如下：

```
M = dlmread ('c15. m');
x1 = M (:, 3);
x2 = M (:, 4);
x3 = M (:, 6);
x4 = M (:, 7);
y = M (:, 2);
x = [ones (size (x1)) x1 x2 x3 x4];
[b, bi, r, ri, s] = regress (y, x);
b, bi, s
```

运行结果见表 9-12。

表 9-12　　　　　　　　　　　　　模型的计算结果

参数	参数估计值	参数置信区间
a_0	11032	[10258, 11807]
a_1	546	[484, 608]
a_2	6883	[6248, 7517]
a_3	−2994	[−3826, −2162]
a_4	148	[−636, 931]
$R^2 = 0.95669$　$F = 226.43$　$p = 2.311 \times 10^{-27}$　$s^2 = 1.057 \times 10^6$		

3. 结果分析

从表 9-12 可知 $R^2 = 0.957$，即因变量（薪金）的 95.7% 可由模型确定，F 值远远超过 F 的检验的临界值，p 远小于 α，因此模型从整体来看是可用的。例如，利用模型可以估计（或预测）一个大学毕业、有两年资历的管理人员的薪金为：$\hat{y} = 12\ 272$。

模型中各个回归系数的含义可初步解释如下：x_1 的系数为 546，说明资历每增加 1 年，薪金就增长 546 元；x_2 的系数为 6 883，说明管理人员薪金比非管理人员薪金多 6 883 元；x_3 的系数为 −2 994，说明中学文化程度的管理人员的薪金比文化程度更高的人员的薪金少 2 994 元；x_4 的系数为 148，说明大学文化程度的管理人员的薪金比文化程度更高的人员的薪金多 148 元。

需要指出，以上解释是就平均值来说的，而且，一个因素改变引起的因变量的变化量，都是在其他因素不变的条件下成立的。

由于 a_4 的置信区间包含零点，说明这个系数的解释不可靠，模型存在缺点。为了寻找改进的方向，常使用残差分析方法。残差指薪金的实际值 y 与用模型估计的薪金 $\hat{y}$ 之差，是模型中随机误差 ε 的估计值，仍使用符号 ε 表示。

我们将影响因素分成资历与管理—教育组合两类，管理—教育组合的定义见表 9-13。

表 9-13   管理—教育组合

组合	1	2	3	4	5	6
管理	0	1	0	1	0	1
教育	1	1	2	2	3	3

为了对残差进行分析，使用 MATLAB 绘制 ε 与 x_1 的关系，ε 与 x_2—x_3，x_4 组合间的关系。代码 c17. m 如下：

figure（1）

plot（x1，r，'+'）

figure（2）

xx=M（:，8）;

plot（xx，r，'+'）

运行结果显示如下：

图 9-12 ε 与 x_1 的关系

图 9-13 ε 与 x_2—x_3，x_4 组合的关系

从图 9-12 中可以看出，残差大概分成 3 个水平，这是由于 6 种管理—教育组合混合在一起，在模型中未被正确反映的结果；从图 9-13 中可以看出，对于前 4 个管理—教育组合，残差或者全为正，或者全为负，也表明管理—教育组合在模型中处理不当。

在模型中管理责任和教育程度是分别起作用的。事实上，两者可能起着交互作用。

以上分析提醒我们，应在模型中增加管理 x_2 与教育 x_3，x_4 的交互项，建立新的回归模型。

三、模型改进

1. 模型建立

通过以上分析，我们在上述模型中增加管理 x_2 与教育 x_3，x_4 的交互项，建立新的回归模型。模型记作：

$$y = a_0 + a_1 x_1 + a_2 x_2 + a_3 x_3 + a_4 x_4 + a_5 x_2 x_3 + a_6 x_2 x_4 + \varepsilon$$

其中：a_0，a_1，a_2，a_3，a_4，a_5，a_6 为回归系数，ε 为随机误差。

2. 模型求解

利用 MATLAB 回归函数求解，代码 c18. m 如下：

```
M=dlmread （'c15. m'）；
x1=M （:，3）；x2=M （:，4）；x3=M （:，6）；x4=M （:，7）；
y=M （:，2）；
x5=x2. * x3；x6=x2. * x4；
x= ［ones （size （x1）） x1 x2 x3 x4 x5 x6］；
［b，bi，r，ri，s］=regress （y，x）；
b，bi，s
```

运行结果见表 9-14。

表 9-14　　　　　　　　　　　　　模型计算结果

参数	参数估计值	参数置信区间
a_0	11204	［11044，11363］
a_1	497	［486，508］
a_2	7048	［6841，7255］
a_3	−1727	［−1939，7255］
a_4	−348	［−545，−152］
a_5	−3071	［−3372，−2769］
a_6	1836	［1571，2101］

$R^2 = 0.9988$　　　$F = 5545$　　　$p = 1.5077 \times 10^{-55}$　　　$s^2 = 30047$

3. 结果分析

由表 9-14 可知，新模型的 R^2 和 F 的值都比原模型有所改进，并且所有回归系数的置信区间都不含零点，表明新模型是完全可用的。

与原模型类似，绘制新模型的两个残差分析图（图 9-14 和图 9-15），可以看出，已经消除原有图形的不正常现象，这也说明了新模型的适用性。

图 9-14　新模型 ε 与 x_1 的关系

图 9-15　新模型 ε 与 $x_2 - x_3$，x_4 组合的关系

从图 9-14 和图 9-15 还可以发现一个异常点：个人的实际薪金明显低于模型的估计值，也明显低于与个人有类似经历的其他人的薪金。此类数据在统计学中称为异常数据，应予剔除。

现在我们使用 MATLAB 残差分析图指令 rcoplot 寻找异常数据所在位置，代码 c17. m 如下：

rcoplot（r，ri）

运行结果见图 9-16。

图 9-16 残差分析图

由此可以看出，异常为 33 号数据，剔除此数据，并对模型重新计算，代码 c19. m。得到的结果见表 9-15。

表 9-15 模型计算结果

参数	参数估计值	参数置信区间
a_0	11200	［11139，11261］
a_1	498	［494，503］
a_2	7041	［6962，7120］
a_3	−1737	［−1818，−1656］
a_4	−356	［−431，−281］
a_5	−3056	［−3171，−2942］
a_6	1997	［1894，2100］
$R^2 = 0.9998$ $F = 36701$ $p = 6.6484 \times 10^{-70}$ $s^2 = 4347.4$		

残差分析图见图 9-17 和图 9-18。由此可以看出，去掉异常数据后结果又有改善。

图 9-17　剔除数据后 ε 与 x_1 的关系

图 9-18　剔除数据后 ε 与 $x_2 - x_3$，x_4 组合的关系

去掉异常数据（33 号）后重新进行回归分析，得到的结果更加合理。作为这个模型的应用之一，不妨用它来"制定" 6 种管理—教育组合人员的"基础"薪金（即资历为零的薪金，当然这也是平均意义上的）。新模型表达式及系数估计值见表 9-16。

表 9-16　　　　　　　　6 种管理—教育组合人员的"基础"薪金

组合	管理	教育	系数	"基础"薪金（元）
1	0	1	$a_0 + a_3$	9 463
2	1	1	$a_0 + a_2 + a_3 + a_5$	13 448
3	0	2	$a_0 + a_4$	10 844
4	1	2	$a_0 + a_2 + a_4 + a_6$	19 882
5	0	3	a_0	11 200
6	1	3	$a_0 + a_2$	18 241

从表 9-16 可以看出，大学文化程度的管理人员的薪金比研究生文化程度的管理人员的薪金高，而大学文化程度的非管理人员的薪金比研究生文化程度的非管理人员的薪金略低。当然，这是根据这家公司实际数据建立的模型得到的结果，并不具有普遍性。

四、评注

从以上分析中可以看出：

定性变量，如管理、教育，在回归分析中可以引入 0~1 变量来处理，0~1 变量的个数可比定性因素的水平少 1（如教育程度有 3 个水平，需引入 2 个 0~1 变量）。

残差分析方法可以发现许多信息，比如发现模型的缺陷，引入交互作用项使模型更加完善和具有可行性。

异常数据处理，存在异常数据时，应予以剔除，有助于结果的合理性。

第四节　酶促反应

一、问题的提出

酶，是指具有生物催化功能的高分子物质。在酶的催化反应体系中，反应物分子被称为底物，底物通过酶的催化转化为另一种分子。几乎所有的细胞活动进程都需要酶的参与，以提高效率。与其他非生物催化剂相似，酶通过降低化学反应的活化能来加快反应速率，大多数酶可以将其催化的反应之速率提高上百万倍。酶作为催化剂，本身在反应过程中不被消耗，也不影响反应的化学平衡。

某生物化学系学生为了研究嘌呤霉素在某项酶促反应中对反应速度和底物浓度之间的关系的影响，设计了两个实验：一个实验中使用的酶是经过嘌呤霉素处理的，另一个实验中使用的酶是未经过嘌呤霉素处理的。所得实验数据见表 9-17。

表 9-17　　　　　　　　嘌呤霉素实验反应速度与底物浓度数据

底物浓度（ppm）		0.02		0.06		0.11		0.22		0.56		1.10	
反应速度	处理	76	47	97	107	123	139	159	152	191	201	207	200
	未处理	67	51	84	86	98	115	131	124	144	158	160	—

试建立数学模型，反映该酶促反应的速度与底物浓度以及经嘌呤霉素处理与否之间的关系。

二、模型建立

酶催化的反应成为酶促反应，研究酶促反应的学科称为酶促反应动力学，简称酶动力学。它主要研究酶促反应的速度和底物浓度以及与其他因素的关系。

根据酶动力学，酶促反应有两个基本性质：底物浓度较小时，反应速度大致与浓度成正比（一级反应）；底物浓度很大、渐进饱和时，反应速度趋于固定值（零级反应）。

利用 MATLAB 绘制实验数据图形，数据保存在 c20.m 中。绘图代码 c21.m 如下：

```
c20；
figure（1）
plot（x1，y1，'or'，x2，y2，'*'）
figure（2）
x=0：0.01：1.2；
y=195.8027*x./（0.04841+x）；
plot（x，y）
```

图形显示为图 9-19、图 9-20。

图 9-19　酶促反应实验数据散点图

图 9-20　米氏方程函数曲线

图 9-19 中 'o' 点为经过嘌呤霉素处理的实验数据、'＊' 点为未经嘌呤霉素处理的实验数据。从图中可以看出经过嘌呤霉素处理后，酶的反应速度明显增加，酶促反应的两个基本性质 "一级反应、零级反应" 亦非常明显。反映这两个性质的函数模型有很多，基本模型为米氏方程（Michaelis-Menten equation）。

$$y = f(x, \ \beta) = \frac{\beta_1 x}{\beta_2 + x}$$

其中：x 为底物浓度（ppm），y 为酶促反应速度（ppm/h），$\beta = (\beta_1, \ \beta_2)$ 为参数。函数曲线见图 9-20，可以看出米氏方程很好地反映了酶促反应速度的变化规律。

三、模型求解

由于线性回归模型具有较好的理论支持，所以首先采用线性化模型。

1. 线性化模型

Michaelis-Menten 方程的参数为非线性方程，通过变换可化为线性模型：

$$\frac{1}{y} = \frac{1}{\beta_1} + \frac{\beta_2}{\beta_1} \frac{1}{x} = \theta_1 + \theta_2 \frac{1}{x}$$

于是，因变量 $\dfrac{1}{y}$ 对新参数 $\theta = (\theta_1, \ \theta_2)$ 是线性的。

利用 MATLAB 线性回归函数求解参数，对经过嘌呤霉素处理的实验数据求解，代码 c22. m 如下：

```
c20;
x = [ones (size (x20)), 1./x1];
y = 1./y1;
[b, bint, r, rint, stats] = regress (y, x)
b1 = 1/b (1), b2 = b (2) /b (1)
```

部分运行结果如下：

```
stats =
      0.8557    59.2975    0.0000    0.0000
```

b1 =

  195.8027

b2 =

   0.0484

拟合优度检验值 stats 为：$R^2 = 0.8557$，$F = 59.2975$，$p = 0.0000$。由此可以看出：线性拟合程度高。得到的方程为：

$$y = f(x, \beta) = \frac{195.8027x}{0.0484 + x}$$

利用 MATLAB 绘制拟合方程与实验数据图形，代码 c23.m 如下：

```
C20;
x13 = 0: 0.01: 1.2;
y13 = 195.8027 * x13./ (0.04841+x13);
plot (x1, y1, 'o', x13, y13, 'b')
```

图形显示为图 9-21。

图 9-21　拟合方程与实验数据图形（线性化模型）

从图 9-21 中可以看出，x 较大时，y 有较大偏差。这说明线性化对参数估计的准确性有影响。但其结果仍具有价值，可作为非线性回归的初值。

另外，对未经过嘌呤霉素处理的实验数据求解，得到参数的初值为：143.4281、0.0308。

2. 非线性模型

同时，也可以使用非线性回归方法直接对参数进行估计。

使用 MATLAB 非线性回归函数求解参数，分别对经过、未经过嘌呤霉素处理的实验数据求解，代码 c24.m 如下：

```
C20;
beta0 = [195.8027  0.04841];
[beta, R, J] = nlinfit (x1, y1, 'f1', beta0)
```

betaci＝nlparci（beta，R，J）；

beta，betaci

beta0＝［143.4281　0.0308］；

［beta，R，J］＝nlinfit（x2，y2，'f1'，beta0）

betaci＝nlparci（beta，R，J）；

beta，betaci

其中：模型表达式的代码 f1.m 如下：

function　y＝f1（beta，x）

y＝beta（1）＊x.／（beta（2）＋x）；

部分运行结果为：

beta ＝

　212.6837　　0.0641

betaci ＝

　197.2045　228.1629

　　0.0457　　0.0826

beta ＝

　160.2800　　0.0477

betaci ＝

145.6207　174.9393

　　0.0301　　0.0653

利用 MATLAB 绘制拟合方程与实验数据图形，代码 c25.m 如下：

C20；

x＝0：0.01：1.2；

y3＝212.6837＊x.／（0.0641＋x）；

y4＝160.2800＊x.／（0.0477＋x）；

plot（x1，y1，'＊'，x2，y2，'bo'，x，y3，'b'，x，y4，'b'）

图形显示为图 9-22。

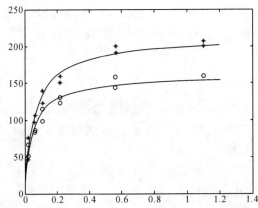

图 9-22　拟合方程与实验数据图形（非线性模型）

从图 9-22 中可以看出，拟合效果已经达到要求。可以得到结论，此次实验酶促反应速度的方程为：

$$y = f(x, \beta) = \frac{212.6837x}{0.0641 + x}$$

于是可以得到，最终反应速度为 $\hat{\beta}_1 = 212.6837$，反应的"半速度点"（达到最终反应速度一半时的底物浓度）为 $\hat{\beta}_2 = 0.0641$。

3. 混合反应模型

为了在同一模型中考察嘌呤霉素处理的影响，采用对参数附加增量的方法对原模型进行改进，考察混合反应模型：

$$y = f(x, \beta) = \frac{(\beta_1 + \gamma_1 t)x}{(\beta_2 + \gamma_2 t) + x}$$

其中，β_1 表示未经处理的最终反应速度，β_2 表示未经处理的反应的半速度点，γ_1 表示经处理后最终反应速度增长值，γ_2 表示经处理后反应的半速度点增长值，x 表示底物浓度，y 表示反应速度，t 为示性变量，取 1 表示经过处理，取 0 表示未经处理。

使用 MATLAB 非线性回归函数求解，代码 c26. m 如下：

```
C20；
x = ［x1 ones（size（x1））
x2 zeros（size（x2））］；
y = ［y1；y2］；
beta0 = ［160.2829  52.4 0.0477  0.01］';
［beta，R，J］ = nlinfit（x，y，'f2'，beta0）；
betaci = nlparci（beta，R，J）；
beta，betaci
```

其中：模型表达式的代码 f2. m 如下：

```
function  y = f2（beta，x）
y = （beta（1）+beta（2）. * x（:，2））. * x（:，1）. / （beta（3）+beta（4）.
* x（:，2）+x（:，1））；
```

部分运行结果为：

```
beta =
   160.2801
    52.4036
     0.0477
     0.0164
betaci =
145.8465  174.7137
 32.4131   72.3941
  0.0304    0.0650
```

-0.0075   0.0403

由于参数 γ_2 的区间估计包含零点，表明参数 γ_2 对被解释变量的影响不明显，这一结果与酶动力学的相关理论一致，即：嘌呤霉素的作用不影响半速度参数。于是，模型简化为：

$$y = f(x, \beta) = \frac{(\beta_1 + \gamma_1 t)x}{\beta_2 + x}$$

类似地，使用 MATLAB 非线性回归函数求解，代码 c27.m 如下：

C20;

x = [x1 ones (size (x1))

x2 zeros (size (x2))];

y = [y1; y2];

beta0 = [160.2829 52.4 0.0477]';

[beta, R, J] = nlinfit (x, y, 'f3', beta0);

betaci = nlparci (beta, R, J);

beta, betaci

其中：模型表达式的代码 f3.m 如下：

function y = f3 (beta, x)

y = (beta (1) +beta (2).＊x (:, 2)).＊x (:, 1)./ (beta (3) +x (:, 1));

部分运行结果为：

beta =

　　166.6041

　　 42.0260

　　　0.0580

betaci =

154.4900　178.7181

 28.9425　 55.1094

　0.0456　　0.0703

参数置信区间不含零点，故可以使用，此次实验酶促反应速度的方程为：

$$y = \frac{(166.6041 + 42.0260t)x}{0.0580 + x}$$

四、评注

通过样本数据讨论变量之间的关系时，可以研究相关理论，通过机理分析函数关系式。求解非线性回归模型时，可以先转化为求解线性模型，发现问题，并可得到参数初值。在一些特殊讨论中，比如判断嘌呤霉素处理对反应速度与底物浓度关系的影响时，可以引入 0-1 变量，形成混合模型。

在模型求解时，检查参数置信区间是否包含 0 点是参数显著性检验的方法。

非线性模型拟合优度检验的方法无法直接利用线性模型的方法，但 R^2 与剩余方差

s^2 仍然可以作为非线性模型拟合优度的度量指标。

习题九

1. 在北京奥运场馆某次比赛中搜集到的观众的调查数据为 data.m：矩阵 A。各列数据的意义如下：

性别（男性为 1、女性为 2）、年龄（20 岁以下为 1、20～30 岁为 2、30～50 岁为 3、50 岁以上为 4）、坐公交车出行（南北方向）、坐公交车出行（东西方向）、坐出租车出行、开私家车出行、坐地铁出行（东向）、坐地铁出行（西向）、中餐馆午餐、西餐馆午餐、商场内餐饮午餐、非餐饮消费额。

求：

（1）男性、女性各为多少人？

（2）非餐饮消费额：最高、最低、平均、标准差。

（3）4 个年龄组中每个年龄组的非餐饮消费额的平均值各为多少？

（4）男性、女性开私家车出行各为多少人？

2. 某地区 12 个气象观测站近 8 年来各观测站测得的周降水量为 data.m：矩阵 B——行为周数据、列为 12 个观测站数据。

求：

（1）哪一年第几周哪个气象站的降水量最大、最小？

（2）哪个气象站的数据用其他气象观测站数据得到的效果最好？若将此气象站撤销，这个气象站数据如何通过其他气象观测站数据得到？

3. 测定某塑料大棚内空气最高温度 y ℃与棚外空气最高温度 x ℃，结果见表 9-18。

表 9-18　　　　　某塑料大棚内外最高温度数据表

x℃	3.4	7.2	16.9	11.8	18.5	17.0	19.3	20.4	22.3	24.1	25.4	27.2
y℃	4.5	13.8	25.7	23.0	30.1	25.8	31.7	32.5	34.2	35.3	36.1	36.8

试进行曲线拟合，并求当棚外空气最高温度达到 0℃、30℃时的大棚内空气的最高温度。

第十章　图论模型

图是用于描述现实世界中离散客体之间关系的有用工具。自从 1736 年欧拉（L. Euler）利用图论的思想解决了哥尼斯堡（Konigsberg）七桥问题以来，图论经历了漫长的发展道路。在很长一段时期内，图论被当成数学家的智力游戏，被用来解决一些著名的难题。如迷宫问题、匿门博弈问题、棋盘上马的路线问题、四色问题和哈密顿环球旅行问题等，曾经吸引了众多的学者。图论中许多的概论和定理的建立都与解决这些问题有关。图论算法在计算机科学中扮演着很重要的角色，从计算机的设计、系统之间信息的传输、软件的设计、信息结构的分析研究、信息的储存和检索等，都要在一定程度上用到图。图论已成为数学的一个重要分支。

第一节　图的一般理论

一、图的概念

1. 引例：哥尼斯堡七桥问题

哥尼斯堡 18 世纪属东普鲁士，位于普雷格尔河畔，河中有两个岛，通过七座桥彼此相连（见图 10-1）。

图 10-1　哥尼斯堡七桥问题示意图

问题：是否存在从某点出发通过每座桥且每座桥只通过一次回到起点的路线？

1736 年 29 岁的欧拉仔细研究了这个问题，将上述四块陆地与七座桥的关系用一个抽象图形来描述（见图 10-2），其中陆地用点表示、陆地之间的桥梁连接用两点间的弧边表示。于是问题就变成：从图中任一点出发，通过每条边一次而返回原点的回路是否存在？

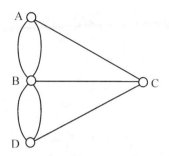

图 10-2 哥尼斯堡七桥问题抽象图

欧拉向圣彼得堡科学院递交了名为《哥尼斯堡的七座桥》的论文，在解答问题的同时，开创了数学的一个新的分支——图论与几何拓扑。

2. 图的基本概念

图 G 由两个集合 V、E 组成，其中 $V = \{v_1, v_2, \cdots, v_n\}$ 是一个非空有限集合，称为点集，$E = \{e_1, e_2, \cdots, e_m\}$ 是由集合 V 中元素组成的序偶的集合，称为边集，即：$e_k = v_i v_j$（$v_i, v_j \in V$），记 $G = \langle V, E \rangle$。

当边 $e_k = v_i v_j$ 时，称 v_i, v_j 为边 e_k 的端点，称 v_i 与 v_j 邻接，称边 e_k 与顶点 v_i, v_j 关联。与顶点 v_i 关联的边的个数称为顶点 v_i 的度数，简称度。

若减少图 $G = \langle V, E \rangle$ 中的点和边得到的集合 V'，E' 仍构成图 $G' = \langle V', E' \rangle$，则称 G' 为 G 的子图。

图可以用图形来表示，顶点也称结点，或简称点，在图形中用一圆点表示。边在图形中用线段或曲线段表示，因此也可称为弧。有时我们为了叙述方便，不区分图与其图形两个概念。

例 10.1 将图 10-3 显示的图形用图的定义方法表示。

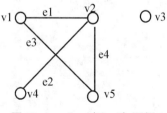

图 10-3 $G = \langle V, E \rangle$ 图例

解 图形（见图 10-3）用图的方法表示，则为：

$G = \langle V, E \rangle$

其中：$V = \{v_1, v_2, v_3, v_4, v_5\}$，$E = \{e_1, e_2, e_3, e_4\} = \{v_1 v_2, v_2 v_4, v_1 v_5, v_2 v_5\}$

须注意，一个图的图形表示法可能不是唯一的。表示结点的圆点和表示边的线，它们的相对位置是没有实际意义的。因此，对于同一个图，可能画出很多表面不一致的图形来。例如，此例 $G = \langle V, E \rangle$ 的图形（见图 10-3）还可以用图 10-4 来表示。

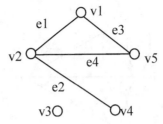

图 10-4　$G = \langle V, E \rangle$ 的另一种图形

将此概念推广，很多表面上看来似乎不同的图却可以用极为相似图形来表示，这些图之间的差别仅在于结点和边的名称的差异。从邻接关系的意义上看，它们本质上都是一样的，可以把它们看成同一个图的不同表现形式，我们称这两个图同构。

二、图的矩阵表示

图形表示是图的一种表示方法，它的优点是形象直观。但有时为了便于代数研究，特别是通过计算机研究图时，人们也常用矩阵来表示图，通常使用两种矩阵：邻接矩阵、关联矩阵。

端点重合为一点的边称为自回路。一个图如果没有自回路、两点间最多一条边，就称此图为简单图。简单图的邻接矩阵、关联矩阵如下：

邻接矩阵：$A = (a_{ij})_n$

$$a_{ij} = \begin{cases} 1, & (v_i, v_j) \in E \\ 0, & (v_i, v_j) \notin E \end{cases}$$

关联矩阵：$R = (r_{ij})_{n \times m}$

$$r_{ij} = \begin{cases} 1, & i \text{ 点为 } j \text{ 边端点} \\ 0, & \text{否则} \end{cases}$$

例 10.1 中图 10-3 的邻接矩阵、关联矩阵为：

$$A = \begin{pmatrix} 0 & 1 & 0 & 0 & 1 \\ 1 & 0 & 0 & 1 & 1 \\ 0 & 0 & 0 & 0 & 0 \\ 0 & 1 & 0 & 0 & 0 \\ 1 & 1 & 0 & 0 & 0 \end{pmatrix}$$

$$R = \begin{pmatrix} 1 & 0 & 1 & 0 \\ 1 & 1 & 0 & 1 \\ 0 & 0 & 0 & 0 \\ 0 & 1 & 0 & 0 \\ 0 & 0 & 1 & 1 \end{pmatrix}$$

三、图的连通性

在图 $G = \langle V, E \rangle$ 中，沿点和边连续地移动而到达另一确定的点的连接方式称为通路，简称路。若图 G 中点 u 和 v 之间存在一条路，则称 u 和 v 在 G 中是连通的。若图 G 中任何两点都是连通的，则称图 G 为连通图。

设 A 是图 $G = \langle V, E \rangle$ 的邻接矩阵。记

$$B = A^2 = (b_{ij})_n$$

由矩阵的乘法得：

$$b_{ij} = \sum_{k=1}^{n} a_{ik} a_{kj}$$

其中：a_{ik}，a_{kj} 代表点 v_i 与 v_k、点 v_k 与 v_j 是否有边。

$a_{ik} a_{kj} = 1$ 当且仅当 $a_{ik} = a_{kj} = 1$，从而 $a_{ik} a_{kj} = 1$ 当且仅当存在一条对应的长度为 2 的有向道路 $P = v_i v_k v_j$。于是 b_{ij} 之值表示了从 v_i 到 v_j 的长度为 2 的通路的个数。即 A^2 代表两点间长度为 2 的通路个数的矩阵。

同理可得：A^3 代表两点间长度为 2 的通路个数的矩阵，等等。

两点若是联通的，则这两点之间至少存在一条通路，将此条通路中的回路去掉仍为此两点的通路，而不含回路的通路长度最长为 $n-1$，因此，两点若是联通的，则这两点之间至少存在一条小于或等于 $n-1$ 的通路。

记：$C^{(k)} = A + A^2 + \cdots A^k = (c_{ij}^{(k)})_n$，$k \geq 1$，则 $C^{(k)}$ 代表两点间长度小于或等于 k 的通路个数的矩阵。于是，从矩阵 C_{n-1} 中便可看出一个图是不是联通的，记录这种连通性的矩阵称为可达性矩阵：$P = (p_{ij})_n$，

$$p_{ij} = \begin{cases} 1, & c_{ij}^{(k)} \geq 1 \\ 0, & c_{ij}^{(k)} = 0 \end{cases}$$

例 10.1 中图 10-3 的可达性矩阵使用 MATLAB 计算，代码 c01.m 如下：

```
A = [ 0 1 0 0 1
      1 0 0 1 1
      0 0 0 0 0
      0 1 0 0 0
      1 1 0 0 0]
P = ( A+A^2+A^3+A^4 ) >0
```

运行结果如下：

```
P =
      1    1    0    1    1
      1    1    0    1    1
      0    0    0    0    0
      1    1    0    1    1
      1    1    0    1    1
```

即：图 10-3 不是连通图。

四、图论算法

图论是一个十分有趣而且与相关学科竞赛联系紧密的数学分支，图论中有许多著

名的算法。随着图论问题的日渐增多，一些经典图论模型与它们的相关算法已成为竞赛中不可或缺的知识。与此同时，题目也越来越注重模型的转换与算法的优化。

著名的图论问题及算法：

1. 最短路问题（Shortest Path Problem）

出租车司机要从城市甲地到乙地，在纵横交错的路中如何选择一条最短的路线？

算法：Dijkstra 算法、Floyd 算法

2. 最小生成树问题（Minimum-weight Spanning Tree Problem）

为了给小山村的居民送电，每户立了一根电杆，怎样连接可使连线最短？

算法：Prim 算法、Kruskal 算法

3. 中国邮递员问题（Chinese Postman Problem）

一名邮递员负责投递某个街区的邮件。如何为他设计一条最短的投递路线？

算法：Fleury 算法

4. 二分图的最优匹配问题（Optimum Matching）

在赋权二分图中找一个权最大（最小）的匹配。

算法：匈牙利算法

5. 旅行推销员问题（Traveling Salesman Problem，TSP）

一名推销员准备前往若干城市推销产品。如何为他设计一条最短的旅行路线？

算法：改良圈算法

6. 网络流问题（Network Flow Problem）

如何在一个有发点和收点的网络中确定具有最大容量的流。

算法：Ford-Fulkerson 算法

在全国大学生数学建模竞赛中，曾多次出现图论问题。例如，1998 年 B 题 "灾情巡视路线"，2007 年 B 题 "公交线路"，2011 年 B 题 "交巡警调度"，等等。

第二节　最小路径问题及 MATLAB 实现

一、问题的提出

最短路径问题是图论研究中的一个经典算法问题，它是许多更深层算法的基础。该问题有着大量的生产实际的背景，不少问题从表面上看与最短路问题没有什么关系，却也可以归结为最短路问题。

例 10.2　赋权图 G 如图 10-5 所示。

每条边上的数字为这条边的权。

求：

（1）从点 v1 到其余结点的最短路，即权和最小的通路。

（2）所有点间的最短路。

图 10-5　赋权图 G

二、Dijkstra 算法

求一点到其余点的最短路问题称为单源最短路径问题，Dijkstra 算法是求解单源最短路径问题的著名算法。

1. 算法

Dijkstra 算法的基本思想为：以起始点为中心，向外层扩展，按路径长度递增顺序求最短路径。即把图中顶点集合 V 分成两组：已查明 S 已求得最短路的顶点集、未查明 $V - S$ 未确定最短路的顶点集，初始时 S 中只有一个源点，每一步求源点通过 S 中点到 $V - S$ 点之间最短路径，并将路径终点从 $V - S$ 移到 S，直至达到所有点。

赋权图 G 的权用赋权邻接矩阵表示为：$w = (w_{ij})_n$。在求最短路时，为避免重复需保留每一步的计算信息，需要记录信息的有两个：一个是已计算的最短路长，记为 $d = (d_i)_{1 \times n}$；另一个为最短路径，记录最短路径的终点的前一点即可，记为 $p = (p_i)_{1 \times n}$。

算法步骤如下：

Step1 赋权矩阵 w，已查明 $S = \{v_0\}$，未查明 $V - S$，最短路长 d 全为 0，最短路径前点均为 v_0，设置考察点 $u = v_0$；

Step2 更新 d，p：若 $d_i > d_u + w_{ui}$，则 $d_i = d_u + w_{ui}$，$p_i = u$；

Step3 寻找 v：设 $V - S$ 中使 d_i 最小的点为 v，则 $S \rightarrow S \cup \{v\}$，$u = v$；

Step4 若 $V - S \neq \varphi$，重复 Step2，否则，结束。

在手工实施算法时，可采用标号法记录每一步的计算信息。

解　例 10.2（1）

使用 Dijkstra 算法记录的结果见图 10-6。

图 10-6　Dijkstra 算法记录的结果图

图 10-6 中，显示从点 v1 到其余结点的最短路，加宽线代表最短路径，虚线框内部记录的是最短路径路长。

2. MATLAB 程序

建立 MATLAB 函数文件，编写代码实现 Dijkstra 算法，代码 dijkstra. m 如下：

```
function [distance, path, pathway] = dijkstra (v0, w)
n = size (w, 1);
s = v0;
distance = w (v0,:);
path = v0 * ones (1, n);
u = s (1);
for j = 1: (n-1)
    v_s = 1: n; v_s (s) = [];
    for i = v_s
        if distance (i) > distance (u) + w (u, i)
            distance (i) = distance (u) + w (u, i);
            path (i) = u;
        end
    end
    d = distance;
    d (s) = inf;
    [dmin, v] = min (d);
    s (j+1) = v;
    u = v;
end
```

函数文件的输入参数为：源点序号 v0、带权邻接矩阵 w。

输出参数为：最短路径的长度 distance、前一点 path、最短路径 pathway。

由于得到最短路径的前一点 path 仍需考察才能得到最短路径，于是编写了一段代码加入函数中，输出最短路径 pathway。代码如下：

```
pathway = zeros (n);
pathway (1: n, 1: 2) = [v0 * ones (n, 1), (1: n) '];
for i = 1: n
    q = i;
    while path (q) ~ = v0
        pathway (i, 2: n) = [path (q), pathway (i, 2: (n-1))];
        q = path (q);
    end
end
```

```
for j=n: -1: 1
    if pathway (:, j) = =0
        pathway (:, j) = [];
    end
end
```

解 例 10.2（2）

使用 MATLAB，调用函数 Dijkstra 并编程求解。代码 c02.m 如下：

```
w = [0 1 inf 4 1 inf inf inf inf inf
    1 0 1inf 3 6 inf inf inf inf
inf 1 0 inf inf 2 7 inf inf inf
    4inf inf 0 1 inf inf 2 inf inf
    1 3inf 1 0 3 inf inf 3 5
inf 6 2 inf 3 0 inf inf inf 4
inf inf 7 inf inf inf 0 inf inf 1
inf inf inf 2 inf inf inf 0 2 inf
inf inf inf inf 3 inf inf 2 0 2
inf inf inf inf 5 4 1 inf 2 0];
v0=1;
[d, p] =dijkstra (v0, w)
```

运行结果如下：

distance =

| 0 | 1 | 2 | 2 | 1 | 4 | 7 | 4 | 4 | 6 |

path =

| 1 | 1 | 2 | 5 | 1 | 5 | 10 | 4 | 5 | 5 |

pathway =

1	1	0	0
1	2	0	0
1	2	3	0
1	5	4	0
1	5	0	0
1	5	6	0
1	5	10	7
1	5	4	8
1	5	9	0
1	5	10	0

注：MATLAB2016 包含图论工具箱（Graph Theory Toolbox），最短路的函数使用格式为：

[path, d] = shortestpath (G, s, t, 'Method', algorithm)

三、Floyd 算法

求任意两点的最短路问题的解法有两种：一种是分别以图中的每个顶点为源点共调用 n 次 Dijkstra 算法，这种算法的时间复杂度为 $O(n^3)$；另一种是 Floyed 算法，这种算法的思路简单，时间复杂度仍然为 $O(n^3)$。下面介绍 Floyed 算法。

1. 算法

Floyd 算法的思想：从带权邻接矩阵出发 $D^{(0)} = w$，构造出一个矩阵序列 $D^{(1)}$，$D^{(2)}, \cdots$，$D^{(n)}$，其中 $d_{ij}^{(k)} \in D^{(k)}$ 表示从点 v_i 到点 v_j 的路径上所经过的点序号不大于 k 的最短路径长度，计算时以矩阵 $D^{(k-1)}$ 为基础通过插入 v_k 更新最短路得到矩阵 $D^{(k)}$，最后得到 $D^{(n)}$ 即为各点间的最短路长。

更新最短路的迭代公式为：

$$D^{(k)} = (d_{ij}^{(k)})_n : d_{ij}^{(k)} = \min\{d_{ij}^{(k-1)}, d_{ik}^{(k-1)} + d_{kj}^{(k-1)}\}$$

其中：$k = 1$，2，$\cdots$，n 为迭代次数。当 $k = n$ 时，$D^{(n)}$ 即为各点间的最短路长。

除此之外，还需记录最短路径，记录最短路径起点的后一点即可，记为 $p = (p_i)_{1 \times n}$。每次迭代进行更新。

2. MATLAB 程序

建立 MATLAB 函数文件，编写代码实现 Floyd 算法。代码 floyd.m 如下：

```
function [D, path] =floyd (w)
n =size (w, 1);
D =w;
path =zeros (n);
for i =1: n
    for j =1: n
        if D (i, j) ~ =inf
            path (i, j) =j;
        end
    end
end
for k =1: n
    for i =1: n
        for j =1: n
            if D (i, k) +D (k, j) <D (i, j)
                D (i, j) =D (i, k) +D (k, j);
                path (i, j) =path (i, k);
            end
        end
```

```
        end
    end
```
函数文件 floyd.m 的输入参数为：带权邻接矩阵 w。

输出参数为：最短路径的长度矩阵 D、后一点 path。

由于得到最短路径的后一点 path 仍需考察才能得到最短路径，于是编写了一个相伴函数文件，输入 v1 和 v2 两点，输出此两点最短路径 pathway。代码 road.m 如下：

```
function pathway = road （path，v1，v2）
pathway = v1；q = v1；k = 1；
while path （q，v2） ~ = v2
    k = k+1；
    pathway （k） = path （q，v2）；
    q = path （q，v2）；
end
pathway （k+1） = v2；
```

解　例 10.2 （2）

使用 MATLAB，调用函数 floyd、road 并编程求解。代码 c03.m 如下：

```
w = ［0 1 inf 4 1 inf inf inf inf inf
    1 0 1inf 3 6 inf inf inf inf
inf 1 0 inf inf 2 7 inf inf inf
    4inf inf 0 1 inf inf 2 inf inf
    1 3inf 1 0 3 inf inf 3 5
inf 6 2 inf 3 0 inf inf inf 4
inf inf 7 inf inf inf 0 inf inf 1
inf inf inf 2 inf inf inf 0 2 inf
inf inf inf inf 3 inf inf 2 0 2
inf inf inf inf 5 4 1 inf 2 0］
［d，path］ = floyd （w）
%road （path，4，2）
for i = 1：size （w，1）
for j = 1：size （w，1）
        q = road （path，i，j）；
r （j，1：length （q），i） = q；
end
end
r
```

运行结果（部分）如下：

d =

0	1	2	2	1	4	7	4	4	6
1	0	1	3	2	3	8	5	5	7
2	1	0	4	3	2	7	6	6	6
2	3	4	0	1	4	7	2	4	6
1	2	3	1	0	3	6	3	3	5
4	3	2	4	3	0	5	6	6	4
7	8	7	7	6	5	0	5	3	1
4	5	6	2	3	6	5	0	2	4
4	5	6	4	3	6	3	2	0	2
6	7	6	6	5	4	1	4	2	0

path =

1	2	2	5	5	2	5	5	5	5
1	2	3	1	1	3	3	1	1	1
2	2	3	2	2	6	7	2	2	6
5	5	5	4	5	5	5	8	5	5
1	1	1	4	5	6	10	4	9	10
3	3	3	5	5	6	10	5	5	10
10	3	3	10	10	10	7	10	10	10
4	4	4	4	4	4	9	8	9	9
5	5	5	5	5	5	10	8	9	10
5	5	6	5	5	6	7	9	9	10

r (:,:, 1) =

1	1	0	0	0	0
1	2	0	0	0	0
1	2	3	0	0	0
1	5	4	0	0	0
1	5	0	0	0	0
1	2	3	6	0	0
1	5	10	7	0	0
1	5	4	8	0	0
1	5	9	0	0	0
1	5	10	0	0	0

....

r (:,:, 10) =

10	5	1	0	0	0
10	5	1	2	0	0
10	6	3	0	0	0

10	5	4	0	0	0
10	5	0	0	0	0
10	6	0	0	0	0
10	7	0	0	0	0
10	9	8	0	0	0
10	9	0	0	0	0
10	10	0	0	0	0

在此次求解中使用了三层矩阵来记录以任意一点为起点的最短路径，显然这种表达方式非常清晰。

第三节　最优支撑树问题及 MATLAB 实现

树是在实际问题中，尤其是计算机科学中被广泛使用的一类图。树具有简单的形式和优良的性质，可以从各个不同角度去描述它。

一、树

1. 树的概念

无回路的连通图称为树。

树中度数为 1 的结点称为叶，树中度数大于 1 的结点称为枝。有向树只有一个结点是边的起点不是边的终点，

无回路的图称为森林。森林的每个分支都是树。

定理　设 n，m 分别为树 T 的点数、边数，则 $m = n - 1$。

证明　使用数学归纳法证明：

当 $n = 2$ 时，显然边数 $m = 1$，原命题成立。

假设 $n = k(\geq 2)$ 时，原命题成立。

当 $n = k + 1$ 时，由于 T 连通且无回路。它必有一结点 v 度为 1，设 e 是 T 的一条边，设 $T = \langle V, E \rangle$，则将 T 中点 v、边 e 去掉得到子图 $T' = \langle V - \{v\}, E - \{e\} \rangle$ 仍是树。

由假设可知：T' 的边数为 $(m - 1) = (n - 1) - 1$。

$\therefore$ $m = n - 1$，即当 $n = k + 1$ 时，原命题成立。

故：原命题成立。

2. 生成树

包含 G 中所有点的子图称为生成子图。

若 G 的生成子图是树，则称此子图为生成树。

在上一节中，我们讨论的单源点到各点的最短路就构成生成树，称为最短路径生成树。

例如，图 10-8 为图 10-7 的 v_1 点的最短路径生成树。

在赋权图 G 中，权和最小的生成树，称为最小生成树。

例如，图 10-9 为图 10-7 的最小生成树。

图 10-7　G 图例

图 10-8　V_1 点最短路径生成树

图 10-9　最小生成树

最小生成树有许多应用，如电网铺设电缆、网络铺设网线等。

二、最小生成树 Kruskal 算法

Kruskal 算法是求解最小生成树的著名算法。

1. 算法

Kruskal 算法又称为避圈法。

算法：

Step1 开始：G 中的边均为白色。

Step2 在白色边中，挑选一条权最小的边，使其与红色边不形成圈，将该白色边涂红。

Step3 重复 Step2，直到有 $n-1$ 条红色边，这 n-1 条红色边便构成最小生成树 T 的边集合。

2. MATLAB 程序

赋权图 G 的赋权邻接矩阵为 w。

（1）挑选一条权最小的边

将图中的边按权和大小排序，并记录下来。MATLAB 代码如下：

```
n=size (w, 1);
b= [ ];
for i=1：(n-1)
    for j= (i+1)：n
        if w (i, j) ~=inf
            b= [b [i; j; w (i, j) ] ];
        end
    end
end
b=sortrows (b', 3)；b=b';
```

其中：b 为点边矩阵，第一、二行记录端点序号，第三行记录权的值，最终 b 按权从小到大排序。

（2）如何判断加边不形成圈？

判断新加入的边不形成圈，即判断新加入的边的两端点是否属于同一子树。

使用技巧：用最小标号点记录子树。

在程序中，先判断欲新加入的边的两端点子树标号是否相同，若不相同则将此边加入到子图中，并增加子图的权和，更新相应的子树标号。MATLAB 代码如下：

```
T= [ ];
c=0;
t=1: n;
k=1;
m=size (b, 2);
for i=1: m
    if t (b (1, i) ) ~ =t (b (2, i) )
        T (1: 2, k) =b (1: 2, i);
        c=c+b (3, i);
        tmin=min (t (b (1, i) ), t (b (2, i) ) );
        tmax=max (t (b (1, i) ), t (b (2, i) ) );
        for j=1: n
            if t (j) = =tmax
                t (j) =tmin;
            end
        end
        k=k+1;
    end
    if k= =n
        break;
    end
end
```

其中：T 记录树，每一列为边的端点；$c=0$ 为树的权和；t 记录每点所在子树的最小标号点，初始状态 $t=1: n$。

（3）建立 MATLAB 函数文件

建立 MATLAB 函数文件，按照以上方法编写代码实现 Kruskal 算法，代码为 kruskal.m。

例 10.3　求赋权图 G 如图 10-5 所示的最小生成树。

解　使用 MATLAB，调用函数 kruskal. m，代码 c04. m 如下：

```
w= [0 1 inf 4 1 inf inf inf inf inf
    1 0 1inf 3 6 inf inf inf inf
inf 1 0 inf inf 2 7 inf inf inf
    4inf inf 0 1 inf inf 2 inf inf
    1 3inf 1 0 3 inf inf 3 5
inf 6 2 inf 3 0 inf inf inf 4
```

inf inf 7 inf inf inf 0 inf inf 1

inf inf inf 2 inf inf inf 0 2 inf

inf inf inf inf 3 inf inf 2 0 2

inf inf inf inf 5 4 1 inf 2 0]

[T, c] =kruskal（w）

运行结果（部分）如下：

T =

	1	1	2	4	7	3	4	8	9
	2	5	3	5	10	6	8	9	10

c =

　　13

习题十

1. 图 10-10 为赋权图。

图 10-10　赋权图

使用 MATLAB 求解。

（1）求 v 点到所有点的最短路；

（2）求所有点间的最短路；

（3）求最小生成树。

2. 某城镇街道的街口位置与街道连接数据保存在 data.m 中，其中：矩阵 A 记录街口位置，包括编号、坐标 x、坐标 y；矩阵 B 记录街道连接数据，包括街口编号、街道长度。

（1）求 9 号街口到各街口的最短道路；

（2）画出街道图（两点之间可近似用线段连接），并在街道图上画出 9 号街口到各街口的最短道路（最短路程树）；

（3）由于路口监控的需要，欲在该城镇铺设网线，到达每一个街口。请问网线应通过哪些街道才会最省；

（4）画出街道图（两点之间可近似用线段连接），并在街道图上画出网线通过的街道。

第十一章　体育模型

随着经济社会的飞速发展，数学工具尤其是数学模型在许多领域飞速发展，一些传统上与"数"关系不大的领域也逐渐进入数量化和精确化时代。本章介绍体育中的一些数学模型。

第一节　围棋中的两个问题

一、问题

围棋起源于中国，是一种策略性两人棋类游戏。

围棋棋子分黑白两色，棋盘由纵横的各 19 条平行线组成，交叉点为落子点，对局双方各执一色棋子，黑先白后，交替下子，每次只能下一子。

棋子的气：一个棋子在棋盘上，与它直线紧邻的空点是这个棋子的"气"。棋子直线紧邻的点上，如果有同色棋子存在，则它们便相互连接成一个不可分割的整体。它们的气也应一并计算。棋子直线紧邻的点上，如果有异色棋子存在，这口气就不复存在。如所有的气均为对方所占据，便呈无气状态。无气状态的棋子不能在棋盘上存在，也就是——提子。

提子：把无气之子提出盘外的手段叫"提子"。提子有两种：一是下子后，对方棋子无气，应立即提取。二是下子后，双方棋子都呈无气状态，应立即提取对方无气之子。拔掉对手一颗棋子之后，就是禁着点（也叫禁入点）。棋盘上的任何一子，如某方下子后，该子立即呈无气状态，同时又不能提取对方的棋子，这个点叫作"禁着点"，禁止被提方下子。

最后，在无一方中盘认输的情况下，黑棋和白棋比较，占位多者为胜。因为黑方先行存在一定的优势，所以所有规则都采用了贴目制度。中国大陆采用数子规则，中国台湾地区采用应氏计点规则，日韩采用数目规则。

事实上，在历史上围棋的规则经历了数次变化，比如在两千多年前的棋盘才有 11 道，现代出土文物中还有一些是较罕见的 15×15、17×17 路棋盘。

这些引起我们许多思考：

1. 棋盘每边设计多少路才是最佳的？
2. 先手贴后手多少目才是最合理的？

二、棋盘路数

1. 围棋的死活

活棋和死棋是指终局时，经双方确认，没有两只真眼的棋且不在双活状态下的，都是死棋，应被提取。终局时，经双方确认，有两只真眼或两只真眼以上都是活棋，不能提取。所谓的真眼就是都有子连着，且对方下子不能威胁到自己。

比如：图 11-1 中的一块白棋就是活棋。

图 11-1　活棋示例

上述一块白棋虽然是活棋，但落子效率较低而不美观，被称为愚型。那么如何提高落子效率呢？首先考虑哪一线棋子的成活速度最快，更确切地说是用最少的点来走成活棋。

围棋棋盘是由纵横交错的线组成的方形交叉点域，我们把四条边界称为一线，与边界相邻的四条线称为二线。这样，依次根据与边界的距离，而称各线为三线、四线。

一棋块虽不是活型棋块，但当对方进攻此棋块时，总可以通过正确应对而最终成为活棋，则此棋块称为准活型棋块。

准活型棋块的概念显然有其实际意义。事实上，对弈开局时棋手们只是把棋走成大致的活型，而并非耗费子力去把棋块走成真正的成活型。

二线、三线、四线棋子最快准活型见图 11-2。

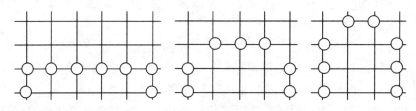

图 11-2　最快准活型模块示例

2. 模型分析

令：n_i，m_i 表示第 i 线形成准活型棋块所用的最少子数、此块棋子所占目数，则：

$n_2 = 8$，$n_3 = 7$，$n_4 = 8$

$m_2 = 4$，$m_3 = 6$，$m_4 = 6$

定义：目效率＝棋子数/所占目数。

$$E = \frac{m}{n}$$

则边线做活的目效率为：

$$E_2 = \frac{1}{2},\ E_3 = \frac{6}{7},\ E_4 = \frac{2}{3}$$

目效率表示单位棋子所占的目数，即表示此棋块平均占有目数的能力，表示用目效率来表示一块成活型棋块的效率。

边线做活的目效率最大值为 E_3。因此，从控制边的能力来说，三线具有最快成活的特点，从而成为围棋盘上最重要的一线。

棋类对决，有攻有守，攻守之间有一种平衡，而且随时可以转换。因此，先手一方即使先进行攻击也未必得胜。围棋之所以可以"公平"对弈，说明先下的一方占的便宜不会太大。

围棋中对抗的两种力量抗争的最终目的是多占地盘。从做活和占地两个角度来看，边部因空间受阻而易受攻击，但可利用边部成目快的特点迅速做活，有根据地后再图发展，中腹则由于四方皆可发展，不容易受到攻击，做活便退居其次，而先去抢占空间。由此可见，边部和中腹将成为围棋中的两种对抗的势力。两种势力所具有的价值应该相同，这样两者才能够真正地抗衡。

3. 模型的建立与求解

由于三线控制边部的优势，控制中腹的重任无疑落到了紧邻的四线上。问题转化为：怎样设计方形棋盘（即每边选取多少道），才能使三线围成的边部与四线围成的中腹具有相同的地位或最小的差异？

决策变量：棋盘每边有 x 道。

三线边部最少落子数为 $n = 4(x-5)$，所占目数 $m = 8(x-2)$，于是目效率为：

$$E_3 = \frac{2(x-2)}{(x-5)}$$

四线中腹最少落子数为 $n = 4(x-7)$，所占目数 $m = (x-8)^2$，于是目效率为：

$$E_4 = \frac{(x-8)^2}{4(x-7)}$$

目标：$\min E(x) = |E_4 - E_3|$

$$= \left| \frac{(x-8)^2}{4x-28} - \frac{2(x-2)}{(x-5)} \right|$$

$$= \left| \frac{1}{4} \frac{x^3 - 29x^2 + 216x - 432}{(x-5)(x-7)} \right|$$

利用 MATLAB 的绘图功能绘制函数图形，代码为 c01.m。结果如下：

为了实用的需要，围棋棋盘不宜太大或太小，取 $10 \leq x \leq 25$。从图 11-3 中可以看出，当 $10 \leq x \leq 25$ 时，函数有唯一极小点，由于 x 取整数解，所以有：

图 11-3　围棋模型函数图

$x_{\min} = 19$，$E_{\min}(x) = 0.0923$

即：围棋棋盘最佳道数选择是 19 道。

三、贴目规则

从上面的结果来看，虽然 19 道的设置是最佳的，然而由于 $E_{\min}(x) = 0.0923$，并且 $E_4 - E_3 = 0.092 > 0$，说明对三线边部的棋手仍然是不公平的。于是围棋规则中又存在一条规则，即：贴目。

假设：对三线边部的棋手贴目 y

则：$E(19) = \mid E_4 - E_3 \mid$

$$= \left| \frac{(x-8)^2}{4x-28} - \frac{8(x-2)+y}{4(x-5)} \right| = \left| \frac{121}{48} - \frac{136+y}{56} \right|$$

令 $E(19) = 0$，则有：

$y \approx 5.2$

即先手需在终局时贴出 5.2 目。

2001 年年底以前中国贴 2 又 3/4 子，日本贴 5 目半。与我们的计算结果完全一致。

然而近年来随着对布局研究的深入，此规则对执黑先行者仍然有利。截至 2001 年年底，在日本棋院近 5 年来进行的 1.5 万盘正式公开棋赛对局中，（黑贴 5 目半的情况下）黑棋胜率达到了 51.86%。执黑执白的胜率之差尽管不到 4%，但在争夺激烈的围棋世界中，这样的差距足以致命。

在国际棋赛中实力明显占优的韩国率先在大多数棋赛中改用 6 目半制。中国也从 2002 年春天起，全部改贴 3 又 3/4 子（相当于 7 目半）。日本棋院对于实行了 50 年的黑棋贴 5 目半的制度也进行了改革，将部分比赛向中韩靠拢，实行 6 目半。日本围棋 2003 年开始全部采用黑棋贴 6 目半规则。

截至 2014 年年底，中国大陆主办的贴 3 又 3/4 子（相当于 7 目半）的世界大赛共有 380 盘对局，其中黑胜 200 局，胜率为 52.6%（前 3 届春兰杯相当于贴 5 目半，未计入）。而中国台湾举办的应氏杯（贴 8 点，也相当于 7 目半）则是黑胜 100 局，白胜 97 局。由此可见，即便是贴 7 目半，黑方似乎还是略占优势。

第二节　循环比赛的名次

一、问题

若干支球队参加单循环比赛，各队两两交锋，假设每场比赛只计胜负，不计比分，且不允许平局。问题：如何根据他们的比赛结果排列名次呢？

表述比赛结果的办法有很多，较直观的一种是用图的顶点表示球队，而用连接两个顶点、以箭头标明方向的边表示两支球队的比赛结果。

例 11.1　有 6 支球队进行比赛，比赛结果用图 11-4 表示。

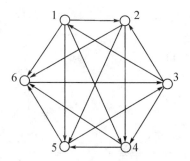

图 11-4　6 支球队比赛结果图

图中有向线段表示两支球队的比赛结果，比如 1 队战胜了 2 队、4 队、5 队、6 队。试给 6 支球队按比赛结果排序。

二、模型建立与求解

1. 模型分析

（1）若比赛的胜负可以传递得到，是否可以排出名次？

例 11.1 中，3 队胜 1 队，1 队胜 2 队，……即：有一条通过所有点的通路 3—1—2—4—5—6。然而，还有其他路径 1—4—5—6—3—1—2 等。因此用这种方法显然不能决定谁是冠亚军。

（2）计分法

排名次的常用办法是计分法。球队获胜的 1 场记 1 分，否则不计分。

例 11.1 中，1 队胜 4 场，2、3 队各胜 3 场，4 队、5 队各胜 2 场，6 队胜 1 场。由此虽可决定 1 队为冠军，但 2 队、3 队之间与 4 队、5 队之间无法决出高低。如果只因为有通路 3—2，4—5，就将 3 队排在 2 队之前，4 队排在 5 队之前，则未考虑它们与其他队的比赛结果，是不恰当的。

于是我们寻找其他的方法来确定比赛名次。

2. 性质

只计胜负、没有平局的循环比赛的结果可用有向图表示，这个有向图称为比赛图，问题归结为如何由比赛图排出顶点的名次。

2 个顶点的比赛图排名次不成问题。

3 个顶点的比赛图只有两种形式（不考虑顶点的标号），见图 11-5。

 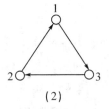

(1)   (2)

图 11-5   3 个顶点的比赛图的两种形式

图 11-5（1）中，3 个队的名次排序显然应是 {2, 1, 3}；对于图 11-5（2），则 3 个队名次相同，因为他们各胜一场。

4 个顶点的比赛图共有图 11-6 所示的 4 种形式。

   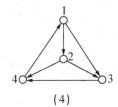

(1)   (2)   (3)   (4)

图 11-6   4 个顶点的比赛图的两种形式

图 11-6（1）有唯一的通过全部顶点的有向路径 1—2—3—4，这种路径称为完全路径，4 个队得分为（3, 2, 1, 0），名次排序无疑应为 {1, 2, 3, 4}。

图 11-6（2）点 2 显然应排在第 1 位，其余 3 点如图 11-5（2）所示形式，名次相同，4 个队得分为（1, 3, 1, 1），名次排序记作 {2,（1, 3, 4）}。

图 11-6（3）点 2 排在最后，其余 3 点名次相同，得分为（2, 0, 2, 2），名次排序记作 {（1, 3, 4），2}。

图 11-6（4）有不只一条完全路径，如 1—2—3—4，3—4—1—2 无法排名次，得分为（2, 2, 1, 1），由得分只能排名为 {（1, 2），（3, 4）}，如果由 1—2，3—4 就简单地排名为 {1, 2, 3, 4} 是不合适的，这种情形是研究的重点。

注意：图 11-6（4）具有（1）（2）（3）所没有的性质：对于任何一对顶点，存在两条有向路径（每条路径由一条或几条边组成），使两顶点可以相互连通，这种有向图称为双向连通。

5 个顶点以上的比赛图虽然更加复杂，但基本类型仍如图 11-6 所给出的 3 种：第 1 种类型：有唯一完全路径的比赛图，如（1）；第 2 种类型：双向连通比赛图，如

（4）；第 3 种类型：不属于以上类型，如（2）（3）。

于是，我们得到 n 个顶点的比赛图具有以下性质：

（1）比赛图必存在完全路径（可用归纳法证明）。

（2）若存在唯一的完全路径，则由完全路径确定的顶点的顺序，与按得分多少排列的顺序相一致。这里一个顶点的得分是指由它按箭头方向引出的边的数目。

显然，性质（2）给出了第 1 种类型比赛图的排名次方法，第 3 种类型比赛图无法全部排名。下面只讨论第 2 种类型。

3. 双向连通比赛图的名次排序

3 个顶点的双向连通比赛图，如图 11-5（2），名次排序相同。以下讨论 n（≥4）个顶点的双向连通比赛图。

使用图论中邻接矩阵的概念，图 11-6（4）的邻接矩阵为：

$$A = \begin{pmatrix} 0 & 1 & 1 & 0 \\ 0 & 0 & 1 & 1 \\ 0 & 0 & 0 & 1 \\ 1 & 0 & 0 & 0 \end{pmatrix}$$

令：顶点的得分向量为

$s = (s_1,\ s_2,...,\ s_n)^T$

其中，s_i 为点 i 的得分，则有

$s = AI$

其中：$I = (1,\ 1,...,\ 1)^T$ 为 1 向量，于是对于图 11-6（4）：$s = (2,\ 2,\ 1,\ 1)^T$。

记：$s^{(1)} = s$，称为 1 级得分向量，即四支比赛队的基础得分。

令：$s^{(2)} = As^{(1)}$，称为 2 级得分向量，代表各顶点（比赛队）战胜的其他球队的（1 级）得分之和。与 1 级得分相比，2 级得分也有理由作为排名次的依据。

以此类推，$s^{(k)} = As^{(k-1)}$，代表 k 级得分向量。

对于图 11-6（4）计算得到：

$s^{(1)} = (2,\ 2,\ 1,\ 1)^T$

$s^{(2)} = (3,\ 2,\ 1,\ 2)^T$

$s^{(3)} = (3,\ 3,\ 2,\ 3)^T$

$s^{(4)} = (5,\ 5,\ 3,\ 3)^T$

$s^{(5)} = (8,\ 6,\ 3,\ 5)^T$

$s^{(6)} = (9,\ 8,\ 5,\ 8)^T$

………

k 越大，用 s 作为排名次的依据越合理，如果 $k \to \infty$ 时，s（归一化）收敛于某个极限得分向量，那么就可以用这个向量作为排名次的依据。

定理（Perron-Frobenius 定理）　存在正整数 r，使得邻接矩阵 A 满足 $A^r > 0$，这样的 A 称为素阵。素阵 A 的最大特征根为正单根 λ，λ 对应正特征向量 s，且有：

$$s = \lim_{k \to \infty} \frac{A^k I}{\lambda^k}$$

与 $s^{(k)} = As^{(k-1)}$ 比较，k 级得分向量 $s^{(k)}$，当 $k \to \infty$ 时（归一化）将趋向 A 的对应于最大特征根的特征向量 s。

最终得到比赛图的排名方法：

$$s^{(k)} = As^{(k-1)} \text{ 或 } s = \lim_{k \to \infty} \frac{A^k I}{\lambda^k}$$

图 11-6（4）邻接矩阵 A 的最大特征值及对应特征向量为：

$\lambda = 1.3953$，$s = (0.3213 \quad 0.2833 \quad 0.1650 \quad 0.2303)$

从而确定名次排列为 $\{1, 2, 4, 3\}$。

由此可以看出，虽然 3 胜了 4，但由于 4 战胜了最强大的 1，所以 4 排名在 3 之前。

三、模型应用

解 例 11.1 6 支球队进行比赛。邻接矩阵为：

$$A = \begin{pmatrix} 0 & 1 & 0 & 1 & 1 & 1 \\ 0 & 0 & 0 & 1 & 1 & 1 \\ 1 & 1 & 0 & 1 & 0 & 0 \\ 0 & 0 & 0 & 0 & 1 & 1 \\ 0 & 0 & 1 & 0 & 0 & 1 \\ 0 & 0 & 1 & 0 & 0 & 0 \end{pmatrix}$$

使用 MATLAB 计算，代码 c02.m。结果如下：

$s = (0.2379 \quad 0.1643 \quad 0.2310 \quad 0.1135 \quad 0.1498 \quad 0.1035)$

排出名次为 $\{1, 3, 2, 5, 4, 6\}$。

第三节　运动对膝关节的影响

一、问题

膝关节由股骨踝、胫骨平台、腓骨、髌骨、韧带、半月板、关节软骨、肌肉等共同组成，其运动是很复杂的。

在体重负荷下，胫股关节接触力随屈膝角度增大而增加。有资料显示，人体屈膝 $30°$，膝关节承受压力和体重相等，屈膝 $60°$，膝关节压力为体重的 4 倍，屈膝 $90°$，所承受的压力是体重的 6 倍。

事实上，膝关节所承受的压力不仅与屈膝角度有关，也与身体各部位（躯干、小腿等）的倾斜度有关。试建立数学模型，分析在体重负荷、静止、双脚支撑状况下，胫股关节接触力与屈膝角度、身体各部位倾斜度的关系，确定最大胫股关节接触力及对应的屈膝角度、小腿等的倾斜度，并说明上段说法是否正确（可在一定误差下）。

二、模型的建立与求解

1. 受力分析

膝关节由股骨踝、胫骨平台、腓骨、髌骨、韧带、半月板、关节软骨、肌肉等共同组成。其构造如图 11-7 所示。

图 11-7　膝关节构造图

人体各部位的受力是相当复杂的，围绕膝关节我们将其简化成 4 部分：上肢、股骨、髌骨、胫骨。其受力情况可简化成图 11-8 的形式。

图 11-8　膝关节受力分析简图

从图 11-8 可以看出，为了得到膝关节承受压力 F，可以以股骨为刚体进行讨论。

2. 模型建立

以"股骨"为研究对象：以交叉韧带（髌骨位置）为支点，其力学结构如图 11-9 所示。

图 11-9　膝关节受力的力学结构图

建立力矩平衡方程如下：

考虑：w_1 为上肢作用股骨的合力，大小为上肢体重。

$$F \times r = (w_2 \times (r + 0.5L_1\sin(\alpha)) + w_1 \times (r + L_1\sin(\alpha)))\cos(\beta)$$

得：

$$F = (w_2 \times (r + 0.5L_1\sin(\alpha)) + w_1 \times (r + L_1\sin(\alpha)))\cos(\beta) \times \frac{1}{r}$$

满足正弦定理：

$$\frac{kL_1}{\sin(\beta)} = \frac{L_2}{\sin(\alpha - \beta)}, \quad 一般：k = \frac{1}{3}\cdots 1$$

其中：h，L_1，L_2，w，w_2，w_3 为身高、股骨长度、胫骨长度、体重、上肢重量、大腿重量，F，r 为膝盖支撑力、髌韧带到膝盖支点距离，α，β 为股骨、胫骨倾斜角。

3. 模型求解

通过查找相关资料可得人体参数：

$L_1 = 0.232h$，$L_2 = 0.247h$

$r0 = 3.258 \pm 0.484$，$r0 < r$

$r：L_1 \approx 1：7 \sim 12$

使用 MATLAB 计算，代码 c03.m。结果如下：

L1 = 0.232；L2 = 0.247；w2 = 0.1406；w1 = 1/2−w2−0.0426；r = L1/8；

s = [ ]；

```
for alpha = (0: 1: 130) /180 * pi
    F0 = 100000000000; F1 = 0;
    for k = 0: 0.1: 1
        gap0 = 1000000000; beta0 = 0;
        for beta = (0: 0.1: 160) /180 * pi
            gap = abs (k * L1 * sin (alpha−beta) −L2 * sin (beta) );
            if gap0>gap
                gap0 = gap;
                beta0 = beta;
            end
        end
    F = (w2 * (r+0.5 * L1 * sin (alpha) ) +w1 * (r+L1 * sin (alpha) ) ) * cos (beta0) /r;
        if F0>F
            F0 = F;
            k0 = k;
            beta00 = beta0;
        end
        if F1<F
            F1 = F;
            k1 = k;
            beta01 = beta0;
        end
    end
    s = [s [F0; alpha * 180/pi; beta00 * 180/pi; k0; 0; F1; k1; beta01 * 180/pi] ];
end
s
```

运行最终结果如下：

ans =

30.0000	60.0000	90.0000
14.5000	29.0000	43.2000
1.0000	1.0000	1.0000
1.9419	2.7457	2.5909
2.0058	3.1393	3.5542
0	0	0
0	0	0

即：当股骨倾斜 90°、胫骨倾斜角 43°时，左右每个膝盖承受压力最大，最大承受压力为体重的 3.554 2 倍。此外，人体屈膝 30°、60°时，膝关节承受压力为体重的 2.005 8 倍、3.139 3 倍。

三、模型应用

上述模型是基于静力运动基础建立的膝关节生物力学模型。在此基础上，对膝关节屈曲动作的运动、接触等力学行为进行模型分析，可以获得胫骨关节、髌骨关节等接触面受力大小的变化规律及峰值大小等结果。进而研究膝关节在篮球、羽毛球、跑步、登山等运动中屈曲活动的运动和应力等的动态特征，对膝关节屈曲动作的运动、接触等力学行为进行评估，为寻找适合我国国情、安全可靠的运动方法及组织实施形式提供理论依据。

习题十一

1. 爬楼梯属于负重运动，上下台阶时下肢各关节的运动幅度、关节负荷以及肌肉活动等均与在平地上静止、行走有差异，膝关节起主要承重和缓冲作用。

有资料显示，正常人在爬楼梯时膝关节承受的压力会在瞬间增加 3 倍。例如，一位体重为 70 千克的人在爬楼梯时其两侧膝关节所承受的压力则高达 280 千克。同时，爬楼梯速度越快，膝关节承受的压力就越大。

考察台阶：长 90 厘米、宽 28 厘米、高 18 厘米。测试者：170 厘米、70 千克。速度：96 步/分钟。试建立数学模型，分析上下台阶时，胫股关节接触力与上下楼梯时腿部动作、速度等的关系。分析上下楼梯是否有差异，上下楼梯最大膝关节压力各是多少，平均膝关节压力各是多少？并说明上段说法是否正确。

2. 请选取步行（如快步走）、武术（如太极拳）、球类（如篮球）、田径（如跳远）等一个或多个运动项目，对运动对膝关节的影响进行讨论。

第十二章　其他模型

本章介绍几个特殊模型的建立和求解。

第一节　层次分析法

一、问题的提出

1. 多方案选择问题

你会不会有这种感觉：到吃饭时不知吃什么，出去玩不知去哪里？

人们在日常工作、学习、生活中常常碰到多种方案进行选择的决策问题。比如，选择哪家餐馆用餐，中餐、西餐还是火锅？购买哪件商品，耐克还是阿迪达斯？到哪里去玩，九寨沟、拉萨还是巴厘岛？……当然这些选择都不会产生严重后果，不必作为决策问题认真对待。然而有些选择就需重视，比如，学生每学期的选课、科研课题的选择等。有些选择甚至意义深远，比如，高考填报志愿、毕业生工作选择等。

人们在处理上面这些决策问题的时候，要考虑的因素有多有少、有大有小，但是一个共同的特点是它们通常都涉及经济、社会、人文等方面的因素。在做比较、判断、评价、决策时，这些因素的重要性、影响力或者优先程度往往难以量化，人的主观选择会起着决定性作用，这就给用一般的数学方法解决问题带来了困难。

我们以一个相对比较轻松的选择为例：

例 12.1　旅游地选择。节假日有三个备选旅游点的资料。

P1：景色优美，但游客较多，住宿条件较差、费用高。

P2：交通方便、住宿条件好、价钱不贵，但景色一般。

P3：景色不错，住宿、花费都令人满意，但交通不方便。

选择哪一个方案？

2. 层次分析法

层次分析法是定性与定量相结合的、系统化、层次化的分析方法，为上述问题的决策和排序提供一种新的、简洁而实用的建模方法。

层次分析法（Analytic Hierarchy Process，AHP）是将与决策有关的元素分解成目标、准则、方案等层次，并在此基础之上进行定性和定量分析的决策方法。该方法是美国运筹学家、匹茨堡大学教授萨蒂于 20 世纪 70 年代初，在为美国国防部研究"根据各个工业部门对国家福利的贡献大小而进行电力分配"课题时，应用网络系统理论和多目标综合评价方法提出的一种层次权重决策分析方法。

层次分析法把研究对象作为一个系统，按照分解、比较判断、综合的思维方式进行决策，成为继机理分析、统计分析之后发展起来的系统分析的重要工具。

二、层次分析法的基本原理与步骤

运用层次分析法建模，大体上可按下面四个步骤进行：

（1）建立层次结构；

（2）构造判断矩阵；

（3）计算权向量并进行一致性检验；

（4）计算组合权向量并进行组合一致性检验。

1. 建立层次结构

应用 AHP 分析决策问题时，首先要把问题条理化、层次化，构造出一个有层次的结构模型。在这个模型下，复杂问题被分解为元素的组成部分。这些元素又按其属性及关系形成若干层次。上一层次的元素作为准则对下一层次有关元素起支配作用。这些层次可以分为三类：

（1）目标层：这一层次处在最高层，只有一个元素，一般它是分析问题的预定目标或理想结果。

（2）准则层：这一层次处在中间层，包含了为实现目标所涉及的中间环节。它可以由若干个层次组成，包括所需考虑的准则、子准则，因此也称为准则层。

（3）方案层：这一层次处在最低层，包括为实现目标可供选择的各种措施、决策方案等。

递阶层次结构中的层次数与问题的复杂程度及需要分析的详尽程度有关，一般的层次数不受限制。每一层次中各元素所支配的元素一般不要超过 9 个。这是因为支配的元素过多会给两两比较判断带来困难。

例 12.1 旅游地选择问题中，根据诸如景色、费用、居住、饮食和旅途条件等一些准则去反复比较 3 个候选地点。可以建立如图 12-1 所示的层次结构模型。

图 12-1　层次结构图

2. 构造判断矩阵

涉及社会、经济、人文等因素的决策问题的主要困难在于，这些因素通常不易定量地量测，人们凭自己的经验和知识进行判断，当因素较多时给出的结果往往是不全面和不准确的，如果只是定性的结果，不易被别人接受。

萨蒂的做法，一是不把所有因素放在一起比较，而是两两相互对比；二是对比时采用相对尺度，以尽可能地减少性质不同的诸因素相互比较的困难，提高准确度。

（1）两两对比矩阵

假设要比较某一层 n 个因子对上层一个因素 O 的影响，则每次取两个因子 x_i 和 x_j，以 a_{ij} 表示 x_i 和 x_j 对 O 的影响大小之比。全部比较结果用矩阵表示为：

$$A = (a_{ij})_n,\ a_{ij} > 0,\ a_{ji} = \frac{1}{a_{ij}}$$

矩阵 A 称为两两比较矩阵，又称为正互反矩阵。

（2）比较尺度

在估计事物的区别时，人们常用五种判断表示，即相等、较强、强、很强、绝对强。当需要更高精度时，还可以在相邻判断之间做出比较，这样，总共有九个等级。

心理学家认为，人们同时在比较若干个对象时，能够区别差异的心理学极限为 7 ± 2 个对象，这样它们之间的差异正好可以用 9 个数字表示出来。萨蒂还将 1~9 标度方法同另外一种 26 标度方法进行过比较，结果表明 1~9 标度是可行的，并且能够将思维判断数量化。

将 1~9 标度的含义进行描述即为：

a_{ij} = 1（相同）、3（稍强）、5（强）、7（明显强）、9（绝对强）

2、4、6、8 是上述相邻等级中间值，且 $a_{ji} = \frac{1}{a_{ij}}$。

例 12.1 旅游地选择问题中，使用成对比较法构建两两比较矩阵如下：

$$A = \begin{pmatrix} 1 & 3 & 2 & 5 \\ 1/3 & 1 & 3 & 2 \\ 1/2 & 1/3 & 1 & 1 \\ 1/5 & 1/2 & 1 & 1 \end{pmatrix}$$

矩阵中，$a_{12} = 3$ 代表在准则比较方面，P1 比 P2 稍强，等等。

另外，$a_{12} = 3$，$a_{24} = 2$，也可以表示成 P1：P2＝3，P2：P4＝2，于是可推得 P1：P4＝6，但是，P1：P4＝5，说明什么？

人的大脑判断不可能在多重判断中完全精确，这种现象我们称为不一致性。即：$a_{ij}a_{jk} \neq a_{ik}$，但我们希望差异不要太大，$a_{ij}a_{jk} \approx a_{ik}$。即：需要订立一个标准来判断是否能够接受，这个标准称为一致性指标，判断过程称为一致性检验。

3. 计算权重向量并进行一致性检验

（1）计算权重向量

我们希望进行两两比较得到矩阵 A 的 n 个因子的重要性能统一表达，有效的表达方式就是重要性权重向量，令其为 $w = (w_1, \cdots, w_n)^T$，则两两比较矩阵理论上就为：

$$B = \begin{pmatrix} 1 & \dfrac{w_1}{w_2} & \cdots & \dfrac{w_1}{w_n} \\ \dfrac{w_2}{w_1} & 1 & \cdots & \dfrac{w_2}{w_n} \\ \cdots & \cdots & \cdots & \cdots \\ \dfrac{w_n}{w_1} & \dfrac{w_n}{w_2} & \cdots & 1 \end{pmatrix}$$

其中：主对角线元素亦可表示成 $b_{ii} = \dfrac{w_i}{w_i}$。

B 矩阵的特点：

$r(B) = 1$，

$\lambda = n, 0, \ldots, 0$，

$Bw = \lambda w$

即：w 为矩阵 B 最大特征值对应的特征向量。

由于两两比较矩阵 A 与理论值 B 差别不大，所以，

重要性权重向量 w 的求解方法为：两两比较矩阵 A 最大特征值 λ_{max} 对应的特征向量，并归一化。

（2）一致性检验

两两比较矩阵 A 与理论值 B 相同，即满足：

$a_{ij}a_{jk} = a_{ik}$，$\forall i, j, k = 1, 2, \cdots, n$

称矩阵 A 为一致性矩阵。

然而，人工的判断几乎不可能达到完全一致，即 $A = B + \varepsilon$，ε 为误差矩阵。于是有：

$Aw = \lambda_{max} w$

$\quad\quad = (B + \varepsilon)w = nw + \varepsilon w$

$\therefore \varepsilon w = (\lambda_{max} - n)w$

所以，$\lambda_{max} - n$ 可以反映两两比较矩阵 A 与理论值 B 的偏差大小。去掉自由度 $n - 1$，于是，定义计算一致性指标：

$$CI = \frac{\lambda_{max} - n}{n - 1}$$

为了确定 A 的不一致程度的容许范围，需要找出衡量 A 的一致性指标的标准。萨蒂又引入所谓随机一致性指标 RI。计算 RI 的过程是：对于固定的 n，随机地构造正互反阵 A'，然后计算 A' 的一致性指标 CI。对于不同的 n，萨蒂用 100~500 个样本 A' 计算，而后用它们的 CI 的平均值作为随机一致性指标，数值见表 12-1。

表 12-1 随机一致性指标 *RI* 值

n	1	2	3	4	5	6	7	8	9
RI	0	0	0.58	0.90	1.12	1.24	1.32	1.41	1.45

可以想到，A' 是非常不一致的，它的 RI 相当大，与 CI 比较仍应有个范围。

定义：计算一致性比例 CR

$$CR = \frac{CI}{RI}$$

当 $CR < 0.10$ 时，认为判断矩阵的一致性是可以接受的，否则应对判断矩阵做适当修正。

例 12.1 旅游地选择问题中，构造的矩阵 A 进行一致性检验：

使用 MATLAB 计算，代码 c01.m。计算结果如下：

$\lambda = 4.2137$，$w = (0.4969 \quad 0.2513 \quad 0.1386 \quad 0.1132)^T$

$$CR = \frac{CI}{RI} = \frac{4.2137 - 4}{3 \times 0.9} = 0.0792$$

通过一致性检验，w 可以使用。

4. 计算组合权重向量并进行组合一致性检验

（1）计算组合权重向量

上面我们得到的是一组元素对其上一层中某元素的权重向量。下面的问题是由各准则对目标的权向量和各方案对每一准则的权向量计算各方案对目标的权向量，称为组合权向量。

设单层权重向量：

2 层对 1 层：$W^{(2)} = (w_1^{(2)}, \ldots, w_m^{(2)})^T$

3 层对 2 层：$W_1^{(3)} = \begin{pmatrix} w_{11}^{(3)} \\ w_{21}^{(3)} \\ \vdots \\ w_{n1}^{(3)} \end{pmatrix}$，$W_2^{(3)} = \begin{pmatrix} w_{12}^{(3)} \\ w_{22}^{(3)} \\ \vdots \\ w_{n2}^{(3)} \end{pmatrix}$，$\ldots$，$W_m^{(3)} = \begin{pmatrix} w_{1m}^{(3)} \\ w_{2m}^{(3)} \\ \vdots \\ w_{nm}^{(3)} \end{pmatrix}$

用准则的重要性对在各准则下方案的权重进行加权平均，就可得到方案的总权重，即组合权向量：

令：$X = (W_1^{(3)}, W_2^{(3)}, \ldots, W_m^{(3)}) = \begin{pmatrix} w_{11}^{(3)} & w_{12}^{(3)} & & w_{1m}^{(3)} \\ w_{21}^{(3)} & w_{22}^{(3)} & & w_{2m}^{(3)} \\ \vdots & \vdots & \cdots & \vdots \\ w_{n1}^{(3)} & w_{n2}^{(3)} & & w_{nm}^{(3)} \end{pmatrix}$

则：$W = XW^{(2)}$

（2）组合一致性检验

虽然各层次均已经过层次单排序的一致性检验，各成对比较判断矩阵都已具有较为满意的一致性。但当综合考察时，各层次的非一致性仍有可能积累起来，引起最终分析结果的非一致性。

采用将每层一致性检验指标加权平均，各层一致性检验指标相加汇总作为总体的一致性检验，称为组合一致性检验。

设单层一致性检验：

2 层对 1 层：$CR^{(2)} = \dfrac{CI^{(2)}}{RI^{(2)}}$

3 层对 2 层：$CR_1^{(3)} = \dfrac{CI_1^{(3)}}{RI_1^{(3)}}$，$CR_2^{(3)} = \dfrac{CI_2^{(3)}}{RI_2^{(3)}}$，$\cdots$，$CR_m^{(3)} = \dfrac{CI_m^{(3)}}{RI_m^{(3)}}$

$$CR^{(3)} = (CR_1^{(3)}, \ CR_2^{(3)}, \ \cdots, \ CR_m^{(3)}) W^{(2)}$$

则，组合一致性检验为：
$$CR = CR^{(2)} + CR^{(3)} < 0.1$$

三、层次分析法的应用

解 例 12.1 旅游地选择问题

步骤：

（1）建立层次结构

图 12-2 层次结构图

（2）构造两两比较矩阵

$$A = (a_{ij})_n, \ a_{ij} > 0, \ a_{ji} = \frac{1}{a_{ij}}$$

某人用成对比较法构建两两比较矩阵如下：

$$A = \begin{pmatrix} 1 & 3 & 2 & 5 \\ 1/3 & 1 & 3 & 2 \\ 1/2 & 1/3 & 1 & 1 \\ 1/5 & 1/2 & 1 & 1 \end{pmatrix}$$

$$B_1 = \begin{pmatrix} 1 & 7 & 2 \\ 1/7 & 1 & 1/4 \\ 1/2 & 4 & 1 \end{pmatrix}, B_2 = \begin{pmatrix} 1 & 1/7 & 1/6 \\ 7 & 1 & 1/2 \\ 6 & 2 & 1 \end{pmatrix}, B_3 = \begin{pmatrix} 1 & 1/5 & 1/4 \\ 5 & 1 & 1/2 \\ 4 & 2 & 1 \end{pmatrix},$$

$$B_4 = \begin{pmatrix} 1 & 1/3 & 5 \\ 3 & 1 & 7 \\ 1/5 & 1/7 & 1 \end{pmatrix}$$

（3）计算权向量并进行一致性检验

$$CR = \frac{CI}{RI}$$

（4）计算组合权向量并进行组合一致性检验

$$CR = CR^{(2)} + CR^{(3)} = \frac{CI^{(2)}}{RI^{(2)}} + \frac{CI^{(3)} W^{(2)}}{RI^{(3)} W^{(2)}}$$

使用 MATLAB 计算，代码 c02. m 如下：

```
B1 = [1 7 2; 1/7 1 1/4; 1/2 4 1];
B2 = [1 1/7 1/6; 7 1 1/2; 6 2 1];
B3 = [1 1/5 1/4; 5 1 1/2; 4 2 1];
B4 = [1 1/3 5; 3 1 7; 1/5 1/7 1];
A = [1 3 2 5; 1/3 1 3 2; 1/2 1/3 1 1; 1/5 1/2 1 1];
%A = [1 2 3 4; 1/2 1 2 2; 1/3 1/2 1 1; 1/4 1/2 1 1];
[v1, d1] = eig (B1), w1=v1 (:, 1) /sum (v1 (:, 1)), lambda1=d1 (1, 1)
[v2, d2] = eig (B2), w2=v2 (:, 1) /sum (v2 (:, 1)), lambda2=d2 (1, 1)
[v3, d3] = eig (B3), w3=v3 (:, 1) /sum (v3 (:, 1)), lambda3=d3 (1, 1)
[v4, d4] = eig (B4), w4=v4 (:, 1) /sum (v4 (:, 1)), lambda4=d4 (1, 1)
[v, d] = eig (A), w=v (:, 1) /sum (v (:, 1)), lambda=d (1, 1)
lambda0 = [lambda1 lambda2 lambda3 lambda4]
CI0 = (lambda0-size (B1, 1)) / (size (B1, 1) -1)
CR0 = CI0/0. 58
CI3 = CI0 * w
CR3 = CI3/0. 58
CI2 = (lambda-size (A, 1)) / (size (A, 1) -1)
CR2 = CI2/0. 9
CR = CR2+CR3
ww = [w1 w2 w3 w4]
w0 = ww * w
```

一致性检验部分计算结果如下：

```
CR0 =
    0. 0017    0. 0692    0. 0810    0. 0559
CR2 =
    0. 0742
CR3 =
    0. 0358
```

CR =

    0.1100

即：单层一致性检验通过，但组合一致性检验 $CR = 0.11 > 1$，未通过一致性检验。

重新进行两两比较均值构建，得：

$$A = \begin{pmatrix} 1 & 2 & 3 & 4 \\ 1/2 & 1 & 2 & 2 \\ 1/3 & 1/2 & 1 & 1 \\ 1/4 & 1/2 & 1 & 1 \end{pmatrix}$$

重新代入 MATLAB 代码 c02.m 计算，结果如下：

CR0 =

    0.0017   0.0692   0.0810   0.0559

CR3 =

    0.0369

CR2 =

    0.0036

CR =

    0.0405

w0 =

    0.3553

    0.2677

    0.3770

通过一致性检验，w 可以使用。

$w = (0.3553 \quad 0.2677 \quad 0.3770)^T$

结果是：P3 点为首选，P1 次之，P2 点应予以淘汰。

四、随机一致性指标

现在使用计算机模拟的方式计算随机一致性指标，步骤如下：

Step1 随机生成正互反矩阵；

Step2 计算一致性指标；

Step3 重复 Step1 ~ Step2 若干次；

Step4 计算一致性指标的均值即为随机一致性指标。

使用 MATLAB 编程，代码 c03.m 如下：

```
m = 20
n = 10000;
ri = zeros (1, m);
for k = 2: m
    for r = 1: n
        a = eye (k);
```

```
        for i=1: k
            for j=i+1: k
                if rand>0.5
                    a (i, j) = fix (9 * rand+1); a (j, i) = 1/a (i, j);
                else
                    a (j, i) = fix (9 * rand+1); a (i, j) = 1/a (j, i);
                end
            end
        end
        la=eig (a);
        ri (k) = ri (k) + (max (la) -k) / (k-1);
    end
end
ri=ri/n
```

运行结果如下：

ri =

　Columns 1 through 16

　　　　 0　　　　　 0　　 0.5357　　 0.8824　　 1.1097　　 1.2465　　 1.3443
　1.4048　　 1.4516　　 1.4836　　 1.5127　　 1.5353　　 1.5540　　 1.5703
1.5836　　 1.5936

　Columns 17 through 20

　 1.6065　　 1.6144　　 1.6225　　 1.6271

与萨蒂给出结果相比，略有减少。

第二节　动态规划模型

一、问题提出

1. 多阶段决策问题

　　在生产和科学实验中，有一类活动的过程，由于它的特殊性，可将过程分为若干个互相联系的阶段，在它的每一个阶段都需要做出决策，从而使整个过程达到最好的活动效果。因此，各个阶段决策的选取不是任意确定的，它依赖于当前面临的状态，又影响以后的发展。当各个阶段决策确定后，就组成了一个决策序列，因此也就决定了整个过程的一条活动路线。这种把一个问题可看成一个前后关联具有链状结构的多阶段过程称为多阶段决策过程，也称为序贯决策过程。这种问题被称为多阶段决策问题。

　　例如，我们要去美国亚拉巴马州，选择路线从成都到北京，而后从北京到底特律，再从底特律到阿拉巴马。那么如何确定每一段的交通方式和时间？

例如，很多部门或企业都有 5 年计划和总体目标，但具体的工作计划是分年制订的。为了达到 5 年计划，如何分阶段制订年度计划？

甚至一些分阶段制订计划只能在各阶段才能制订出来。比如战争，战场瞬息万变，必须根据当时的状态进行决策。

这些例子的特点是：决策时，一项任务需要在时间或空间上分为几个阶段完成，每个阶段都有多种选择，即多阶段决策。

2. 动态规划

动态规划是运筹学的一个分支，是求解多阶段决策问题的最优化方法。

动态规划是一种求解多阶段决策问题的系统技术，是考察问题的一种途径，而不是一种特殊算法（如线性规划是一种算法）。因此它不像线性规划那样有一个标准的数学表达式和明确定义的一组规则，动态规划必须对具体问题进行具体的分析处理，许多动态规划方法具有较高技巧。在多阶段决策问题中，有些问题对阶段的划分具有明显的时序性，动态规划的"动态"二字也由此而得名。

动态规划的主要创始人是美国数学家贝尔曼（Bellman）。20 世纪 40 年代末 50 年代初，当时在兰德公司（Rand Corporation）从事研究工作的贝尔曼首先提出了动态规划的概念。1957 年贝尔曼发表了数篇研究论文，并出版了他的第一部著作《动态规划》。该著作成了当时唯一的进一步研究和应用动态规划的理论源泉。1961 年贝尔曼出版了他的第二部著作，并于 1962 年同杜瑞佛思（Dreyfus）合作出版了第三部著作。在贝尔曼及其助手们致力于发展和推广这一技术的同时，其他一些学者也对动态规划的发展做出了重大的贡献，其中最值得一提的是爱尔思（Aris）和梅特顿（Mitten）。爱尔思先后于 1961 年和 1964 年出版了两部关于动态规划的著作，并于 1964 年同尼母霍思尔（Nemhauser）、威尔德（Wild）创建了处理分枝、循环性多阶段决策系统的一般性理论。梅特顿提出了许多对动态规划后来发展有着重要意义的基础性观点，并且对明晰动态规划路径的数学性质做出了巨大的贡献。

动态规划问世以来，在经济管理、生产调度、工程技术和最优控制等方面得到了广泛的应用。例如，最短路线、库存管理、资源分配、设备更新、排序、装载等问题，用动态规划方法比用其他方法求解更为方便。

虽然动态规划主要用于求解以时间划分阶段的动态过程的优化问题，但是一些与时间无关的静态规划（如线性规划、非线性规划），只要人为地引进时间因素，把它视为多阶段决策过程，也可以用动态规划方法方便地求解。

二、动态规划理论

1. 基本概念

一个多阶段决策过程最优化问题的动态规划模型通常包含以下要素。

（1）阶段、阶段变量

阶段是对整个过程的自然划分。通常根据时间顺序或空间顺序特征来划分阶段，以便按阶段的次序求解优化问题。描述阶段的变量称为阶段变量，常用 k 表示，$k = 1$,

2，$\cdots$，n。

（2）状态、状态变量

状态表示每个阶段开始时过程所处的自然状况或客观条件。它应能描述过程的特征并且无后效性，即当某阶段的状态变量给定时，这个阶段以后过程的演变与该阶段以前各阶段的状态无关。通常还要求状态是直接或间接可以观测的。

描述状态的变量称状态变量，用 x_k 表示。变量允许取值的范围称允许状态集合，用 X_k 表示。

这里所说的状态是具体的属于某阶段的，它应具备下面的性质：如果某阶段状态给定后，则在这个阶段以后过程的发展不受这个阶段以前各阶段状态的影响。换句话说，过程的过去只能通过当前的状态去影响它未来的发展，当前的状态是以往历史的总结，这个性质称为无后效性，也称马尔可夫（Markov）性。

（3）决策、决策变量

当一个阶段的状态确定后，可以做出各种选择从而演变到下一阶段的某个状态，这种选择手段称为决策。描述决策的变量称为决策变量，简称决策，用 $u_k(x_k)$ 表示。决策变量取值范围称为允许决策集合，用 U_k 表示。

（4）策略、最优策略

决策组成的序列称为策略。由初始状态 x_1 开始的全过程的策略记作 $p_{1n}(x_1)$，即：

$$p_{1n}(x_1) = \{u_1(x_1)，u_2(x_2)，\cdots，u_n(x_n)\}$$

由第 k 阶段的状态 x_k 开始到终止状态的后部子过程的策略记作 $p_{kn}(x_k)$，即：

$$p_{kn}(x_k) = \{u_k(x_k)，\cdots，u_n(x_n)\}，k = 1，2，\cdots，n - 1$$

2. 最优性原理

动态规划的理论基础叫作动态规划的最优化原理，Bellman 在 1957 年出版的著作《*Dynamic programming*》中是这样描述的：

"作为整个过程的最优策略具有这样的性质：不管该最优策略上某状态以前的状态和决策如何，对该状态而言，余下的诸决策必构成最优子策略。"

即：最优策略的任一子策略都是最优的。

于是，整体寻优从边界条件开始，逐段递推局部寻优，在每一个子问题的求解中，均利用了它前面的子问题的最优化结果，依次进行，最后一个子问题所得的最优解，就是整个问题的最优解。

3. 基本方程

（1）状态转移方程

在确定性过程中，一旦某阶段的状态和决策为已知，下一个阶段的状态便完全确定。用状态转移方程表示这种演变规律，记为：

$$x_{k+1} = T_k(x_k，u_k)，k = 1，2，\cdots，n$$

（2）阶段指标

阶段效益是衡量系统阶段决策结果的一种数量指标，在第 j 阶段的阶段指标取决于状态 x_j 和决策 u_j，用 $v_j(x_j，u_j)$ 表示。

（3）指标函数

指标函数是衡量过程优劣的数量指标，它是定义在全过程和所有后部子过程上的数量函数，用 $V_{kn}(x_k, u_k, x_{k+1}, \cdots, x_{n+1})$ 表示，$k = 1, 2, \cdots, n$。

指标函数应具有可分离性，即 V_{kn} 可表示为 $x_k, u_k, V_{k+1\ n}$ 的函数，记为：

$$V_{kn}(x_k, u_k, x_{k+1}, \cdots, x_{n+1}) = \varphi_k(x_k, u_k, V_{k+1n}(x_{k+1}, u_{k+1}, x_{k+2}\cdots, x_{n+1}))$$

并且函数 φ_k 对于变量 $V_{k+1\ n}$ 是严格单调的。

指标函数由 $v_j(j = 1, 2, \cdots, n)$ 组成，常见的形式有：阶段指标之和，即

$$V_{kn}(x_k, u_k, x_{k+1}, \cdots, x_{n+1}) = \sum_{j=k}^{n} v_j(x_j, u_j)$$

阶段指标之积，即

$$V_{kn}(x_k, u_k, x_{k+1}, \cdots, x_{n+1}) = \prod_{j=k}^{n} v_j(x_j, u_j)$$

阶段指标之极大（或极小），即

$$V_{kn}(x_k, u_k, x_{k+1}, \cdots, x_{n+1}) = \max_{k \leqslant j \leqslant n}(\min) v_j(x_j, u_j)$$

这些形式下第 k 到第 j 阶段子过程的指标函数为 $V_{kj}(x_k, u_k, x_{k+1}\cdots, x_{j+1})$。

根据状态转移方程、指标函数 V_{kn} 还可以表示为状态 x_k 和策略 p_{kn} 的函数，即 $V_{kn}(x_k, p_{kn})$。

（4）最优值函数

指标函数的最优值，称为最优值函数。在 x_k 给定时指标函数 V_{kn} 对 p_{kn} 的最优值函数，记为 $f_k(x_k)$，即

$$f_k(x_k) = \mathop{\mathrm{opt}}_{p_{kn} \in P_{kn}(x_k)} V_{kn}(x_k, p_{kn})$$

其中，opt 可根据具体情况取 max 或 min。

（5）递推方程

动态规划递归方程是动态规划的最优性原理的基础，即最优策略的子策略，构成最优子策略。递归方程如下：

$$\begin{cases} f_{n+1}(x_{n+1}) = 0 \text{ 或 } 1 \\ f_k(x_k) = \mathop{\mathrm{opt}}_{u_k \in U_k(x_k)} \{v_k(x_k, u_k) \otimes f_{k+1}(x_{k+1})\}, & k = n, \cdots, 1 \end{cases}$$

其中：$f_{n+1}(x_{k+1})$ 为边界条件，当 $\otimes$ 为加法时取 $f_{n+1}(x_{k+1}) = 0$；当 $\otimes$ 为乘法时，取 $f_{n+1}(x_{k+1}) = 1$。

这种递推关系称为动态规划的基本方程，这种解法称为逆序解法。

三、模型应用

例 12.2 最短路问题

下面是一个线路网，连线上的数字表示两点之间的距离。试寻求一条由 A 到 F 距离最短的路线。

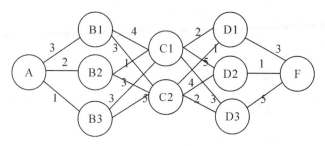

图 12-3　线路网图例

解　此问题可使用穷举法、图论方法等求解，现在我们使用动态规划求解。求解过程分为 4 个阶段。

状态变量：选取每一步所处的位置为状态变量，记为 x_k。

决策变量：取处于状态 x_k 时，下一步所要到达的位置，记为 $u_k(x_k)$。

目标函数：最优值函数 $f(x_k)$ 为 $x_k \to F$ 的最短路长，目标求 $f(A)$。

状态转移方程：$\begin{cases} f(x_k) = \min\limits_{u_k(x_k)}(d(x_k, u_k(x_k)) + f(x_{k+1})) \\ f(x_5) = 0 \end{cases}$

其中：$u_k(x_k) = x_{k+1}$，$d(x_k, u_k(x_k)) = d(x_k, x_{k+1})$

使用逆推方法：

利用这个模型可以计算出最优路径为：$AB_1C_1D_2E_1F$、$AB_2C_2D_1E_1F$，最短距离为 19。

例 12.3　运输问题

某运输公司拥有 500 辆卡车，计划使用卡车时间 5 年。卡车使用分超负荷运行、低负荷运行两种形式。超负荷运行时卡车年利润为 25 万元/辆，但容易损坏，损坏率为 0.3，低负荷运行时卡车年利润为 16 万元/辆，损坏率为 0.1。每年年初分配卡车。

问：怎样分配卡车（超、低）负荷，使总利润最大。

解　使用动态规划求解。

分 5 个阶段，$k = 1, 2, 3, 4, 5$

状态变量 x_k：卡车完好的数量

决策变量 u_k：超负荷→数量

　　　　　　低负荷：$x_k - u_k$

状态转移方程：$x_{k+1} = (1 - 0.3)u_k + (1 - 0.1)(x_k - u_k) = 0.9x_k - 0.2u_k$

阶段效益：$v_k(x_k, u_k) = 25u_k + 16(x_k - u_k) = 16x_k + 9u_k$

第 k 年度至 5 年末采用最优策略时产生的最大利润：

$\begin{cases} f_k(x_k) = \min\limits_{u_k(x_k)}(v(x_k, u_k) + f_{k+1}(x_{k+1})) \\ f_6(x_6) = 0 \end{cases}$

当 $k = 5$ 时，

$f_5(x_5) = \max\{v_5(x_5, u_5) + f_6(x_6)\}$，$(0 \le u_5 \le x_5)$

　　　　　$= \max\{16x_5 + 9u_5\}$

最优决策为 $u_5 * = x_5$

最优值函数为 $f_5(x_5) = 25x_5$

当 $k = 4$ 时，

$$f_4(x_4) = \max\{v_4(x_4, u_4) + f_5(x_5)\}, \quad (0 \leq u_4 \leq x_4)$$
$$= \max\{38.5x_4 + 4u_4\}$$

有：$u_4 * = x_4$，$f_4(x_4) = 42.5x_4$

当 $k = 3$ 时，

$$f_3(x_3) = \max\{v_3(x_3, u_3) + f_4(x_4)\}, \quad (0 \leq u_3 \leq x_3)$$
$$= \max\{54.5x_3 + 0.5u_3\}$$

有：$u_3 * = x_3$，$f_3(x_3) = 54.75x_3$

当 $k = 2$ 时，

$$f_2(x_2) = \max\{v_2(x_2, u_2) + f_3(x_3)\}, \quad (0 \leq u_2 \leq x_2)$$
$$= \max\{65.275x_2 - 1.95u_2\}$$

有：$u_2 * = 0$，$f_2(x_2) = 65.275x_2$

当 $k = 1$ 时，

$$f_1(x_1) = \max\{v_1(x_1, u_1) + f_2(x_2)\}, \quad (0 \leq u_1 \leq x_1)$$
$$= \max\{74.747\ 5x_1 - 4.005u_1\}$$

有：$u_1 * = 0$，$f_1(x_1) = 74.747\ 5x_1$

而：$x_1 = 500$

$f_1(x_1) = 37\ 373.75$（万元）≈ 3.74（亿元）

$p_{15}(x_1) = \{u_1 *, u_2 *, u_3 *, u_4 *, u_5 *\} = \{0, 0, x_3, x_4, x_5\}$

由：$x_{k+1} = 0.9x_k - 0.2u_k$

得：

$x_2 = 0.9x_1 - 0.2u_1 * = 450$（辆），$u_2 * = 0$

$x_3 = 0.9x_2 - 0.2u_2 * = 405$（辆），$u_3 * = 405$

$x_4 = 0.9x_3 - 0.2u_3 * = 283.5$（辆），$u_4 * = 283.5$

$x_5 = 0.9x_4 - 0.2u_4 * = 198.45$（辆），$u_5 * = 198.45$

$x_6 = 0.9x_5 - 0.2u_5 * = 138.15$（辆）

于是得到：5 年末尚余好车 138 辆。

例 12.4 生产计划问题

工厂生产某种产品，每千件的成本为 1 千元，每次开工的固定成本为 3 千元，工厂每季度的最大生产能力为 6 千件。经调查，市场对该产品的需求量第一、二、三、四季度分别为 2 千件、3 千件、2 千件、4 千件。如果工厂在第一季度、第二季度将全年的需求都生产出来，自然可以降低成本（少付固定成本费），但是对于第三季度、第四季度才能上市的产品需付存储费，每季度每千件的存储费为 0.5 千元。还规定年初和年末这种产品均无库存。试制订一个生产计划，即安排每个季度的产量，使一年的总费用（生产成本和存储费）最少。

解 阶段按计划时间自然划分，状态定义为每阶段开始时的储存量 x_k，决策为每

个阶段的产量 u_k ，记每个阶段的需求量（已知量）为 d_k ，则状态转移方程为：

$$x_{k+1} = x_k + u_k - d_k, \quad x_k \geq 0, \quad k = 1, 2, \cdots, n.$$

设每阶段开工的固定成本费为 a ，生产单位数量产品的成本费为 b ，每阶段单位数量产品的储存费为 c ，阶段指标为阶段的生产成本和储存费之和，即：

$$v_k(x_k, u_k) = cx_k + \begin{cases} a + bu_k, & u_k > 0 \\ 0 \end{cases}$$

指标函数 V_{kn} 为 v_k 之和。最优值函数 $f_k(x_k)$ 为从第 k 段的状态 x_k 出发到过程终结的最小费用，满足：

$$f_k(x_k) = \min_{u_k \in U_k} [v_k(x_k, u_k) + f_{k+1}(x_{k+1})], \quad k = n, \cdots, 1.$$

其中，允许决策集合 U_k 由每阶段的最大生产能力决定。若设过程终结时允许存储量为 x_{n+1}^0 ，则终端条件是：

$$f_{n+1}(x_{n+1}^0) = 0.$$

构成该问题的动态规划模型。

具体求解请读者代入变量，递推得到。

习题十二

1. 小李考研填报志愿：使用层次分析法进行决策。

图 12-4　填报志愿的层次结构图

小李给出准则的两两比较矩阵为：

$$A = \begin{pmatrix} 1 & 2 & 4 & 2 \\ 1/2 & 1 & 3 & 2 \\ 1/4 & 1/3 & 1 & 1/3 \\ 1/2 & 1/2 & 3 & 1 \end{pmatrix}$$

预选的 3 个学校对专业、学校、地点、难易的两两比较矩阵分别为：

$$B1 = \begin{pmatrix} 1 & 4 & 6 \\ 1/4 & 1 & 2 \\ 1/6 & 1/2 & 1 \end{pmatrix}, \quad B2 = \begin{pmatrix} 1 & 2 & 3 \\ 1/2 & 1 & 2 \\ 1/3 & 1/2 & 1 \end{pmatrix}, \quad B3 = \begin{pmatrix} 1 & 8 & 1 \\ 1/8 & 1 & 1/9 \\ 1 & 9 & 1 \end{pmatrix},$$

$$B4 = \begin{pmatrix} 1 & 2 & 4 \\ 1/2 & 1 & 3 \\ 1/4 & 1/3 & 1 \end{pmatrix}$$

请你为小李决策。

2. 使用 MATLAB 编程的模拟计算随机一致性指标另一个程序代码为 c04.m，运行结果与 c03.m 的运行结果略有差异，试分析原因。

3. 用动态规划解下面问题：

$$\max \ z = 4x_1 + 9x_2 + 2x_3^2 \qquad\qquad \max \ z = 4x_1 + 9x_2 + 2x_3^2$$

（1）$\begin{cases} x_1 + x_2 + x_3 = 10 \\ x_i \geq 0; \ i = 1, \ 2, \ 3 \end{cases}$ （2）$\begin{cases} x_1 + x_2 + x_3 = 10 \\ x_i \geq 0 \text{ 是整数}; \ i = 1, \ 2, \ 3 \end{cases}$

4. 资源分配问题

某市电信局有四套设备，准备分给甲、乙、丙三个支局，各支局的收益见表 12-2。

表 12-2　　　　　　　　　　甲、乙、丙各支局的收益情况表　　　　　　　　单位：万元

设备数	0	1	2	3	4
甲	38	41	48	60	66
乙	40	42	50	60	66
丙	48	64	68	78	78

使用动态规划求解：应如何分配，使总收益最大？

附录　西南财经大学校内竞赛赛题

2004 年　开放式基金的投资问题

某开放式基金现有总额为 15 亿元的资金可用于投资，目前共有 8 个项目可供投资者选择。每个项目可以重复投资，根据专家经验，对某个项目投资总额不能太高，且有个上限。这些项目所需要的投资额已经知道，在一般情况下，投资一年后各项目所得利润也可估计出来，见表 1。

表 1　　　　　　　　　投资项目所需资金及预计一年后所得利润　　　　　　　单位：万元

项目编号	A_1	A_2	A_3	A_4	A_5	A_6	A_7	A_8
投资额	6 700	6 600	4 850	5 500	5 800	4 200	4 600	4 500
预计利润	1 139	1 056	727.5	1 265	1 160	714	1 840	1 575
上限	34 000	27 000	30 000	22 000	30 000	23 000	25 000	23 000

请帮助该公司解决以下问题：

一、就表 1 提供的数据，试问应该选取哪些项目进行投资，使得第一年所得利润最大？

二、在具体对这些项目投资时，实际还会出现项目之间相互影响等情况。公司在咨询了有关专家后，得到如下可靠信息：

（1）如果同时对第 1 个项目和第 3 个项目投资，他们的预计利润分别为 1 005 万元和 1 018.5 万元；

（2）如果同时对第 4、5 个项目投资，他们的预计利润分别为 1 045 万元和 1 276 万元；

（3）如果同时对第 2、6、7、8 个项目投资，他们的预计利润分别为 1 353 万元、840 万元、1 610 万元、1 350 万元；

（4）如果考虑投资风险，则应该如何投资使得收益尽可能大，而风险尽可能小。投资项目总风险可用所投资项目中最大的一个风险来衡量。专家预测出的投资项目 A_i 的风险损失率为 q_i，数据见表 2。

表2 投资项目的风险损失率

项目编号 风险损失率	A_1	A_2	A_3	A_4	A_5	A_6	A_7	A_8
q_i（%）	32	15.5	23	31	35	6.5	42	35

由于专家的经验具有较高的可信度，公司决策层需要知道以下问题的结果：

1. 如果将专家的前 3 条信息考虑进来，该基金该如何进行投资呢？
2. 如果将专家的 4 条信息都考虑进来，该基金又应该如何决策？
3. 开放式基金一般要保留适量的现金，降低客户无法兑付现金的风险。

在这种情况下，将专家 4 条信息都考虑进来，那么基金该如何决策，使得尽可能的降低风险，而一年后所得利润尽可能多？

2005 年　分类与识别

众所周知，全世界几乎没有两个人的指纹会完全一样，因此通常用指纹作为人的识别特征。进一步，我们常把可以用来唯一标识事物的特征称为指纹特征。

在许多科学研究领域，人们在无法完全认识研究对象的每一个细微结构时，会转向从整体上对它进行分析。通过测得食品或药物的指纹图谱，然后从宏观上进行分类与识别已成为该领域前沿研究方法。

作为研究指纹图谱的尝试，提出以下对指纹图谱进行分类的问题。

（1）现在我们用某种方法得到三类已知物品的指纹图谱，其中标号 1~3 为 A 类，4~6 为 B 类，7~9 为 C 类。请从中提取特征，构造分类方法，并用这些已知类别的指纹图谱，衡量你的方法是否足够好。然后用你认为满意的方法，对另外 5 个未标明类别的指纹图谱（标号 10~14）进行分类，把结果用序号（按从小到大的顺序）标明它们的类别（无法分类的不写入）：

A 类＿＿＿＿＿＿＿ ；　B 类＿＿＿＿＿＿＿；　C 类 ＿＿＿＿＿＿＿。

请详细描述你的方法，给出计算程序。如果你部分地使用了现成的分类方法，也要将方法名称准确注明。

这 14 个指纹图谱的数据以 TXT 的格式提供，在 sample 文件夹中。

（2）在 test 文件夹中给出了 14 个其他类的指纹图谱。用你的分类方法对它们进行分类，给出分类结果。

提示：衡量分类方法优劣的标准是分类的正确率，构造分类方法有许多途径，如提取指纹图谱的某些特征，给出它们的数学表示：几何空间或向量空间的元素等。然后再选择或构造适合这种数学表示的分类方法。又如构造概率统计模型，然后用统计方法分类等。

说明：

（1）每个文件表示一个数据，第一列表示自变量，第二列表示测量值。

（2）sample 目录为试题问题（1）的数据，其中 sample1~3 为 A 类，sample4~6 为 B 类，sample7~9 为 C 类，sample10~14 是需分类的数据。

（3）test 目录是试题问题（2）的数据。

（4）提交的论文应有完整可执行的程序（优秀文章的程序会被试运行）。

2006 年　组合投资的收益和风险问题

某公司现有数额为 20 亿元的一笔资金可作为未来 5 年内的投资资金，市场上有 8 个投资项目（如股票、债券、房地产……）可供公司做投资选择。

其中项目 1、项目 2 每年年初投资，当年年末回收本利（本金和利润）；项目 3、项目 4 每年年初投资，要到第二年年末才可回收本利；项目 5、项目 6 每年年初投资，要到第三年年末才可回收本利；项目 7 只能在第二年年初投资，到第五年年末回收本利；项目 8 只能在第三年年初投资，到第五年年末回收本利。

一、公司财务分析人员给出一组实验数据，见表 1。

试根据实验数据确定 5 年内如何安排投资？使得第五年年末所得利润最大？

二、公司财务分析人员收集了 8 个项目近 20 年的投资额与到期利润数据，发现：在具体对这些项目投资时，实际还会出现项目之间相互影响等情况。

8 个项目独立投资的往年数据见表 2。

同时对项目 3 和项目 4 投资的往年数据，同时对项目 5 和项目 6 投资的往年数据，同时对项目 5、项目 6 和项目 8 投资的往年数据见表 3。注：同时投资项目是指某年年初投资时同时投资的项目。

试根据往年数据，预测今后五年各项目独立投资及项目之间相互影响下的投资的到期利润率、风险损失率。

三、未来 5 年的投资计划中，还包含一些其他情况。

对投资项目 1，公司管理层争取到一笔资金捐赠，若在项目 1 中投资超过20 000万元，则同时可获得该笔投资金额的 1% 的捐赠，用于当年对各项目的投资。

项目 5 的投资额固定，为 500 万元，可重复投资。

各投资项目的投资上限见表 4。

在此种情况下，根据问题二预测结果，确定 5 年内如何安排 20 亿元的投资？使得第五年年末所得利润最大？

四、考虑到投资越分散，总的风险越小，公司确定，当用这笔资金投资若干种项目时，总体风险可用所投资的项目中最大的一个风险来度量。

如果考虑投资风险，问题三的投资问题又应该如何决策？

五、为了降低投资风险，公司可拿一部分资金存银行。为了获得更高的收益，公司可在银行贷款进行投资，在此情况下，公司又应该如何对 5 年的投资进行决策。

附：

表1 投资项目预计到期利润率及投资上限

项目	1	2	3	4	5	6	7	8
预计到期利润率	0.1	0.11	0.25	0.27	0.45	0.5	0.8	0.55
上限（万元）	60 000	30 000	40 000	30 000	30 000	20 000	40 000	30 000

注：到期利润率是指对某项目的一次投资中，到期回收利润与本金的比值

表2 各投资项目独立投资时历年的投资额及到期利润 单位：万元

项目		1	2	3	4	5	6	7	8
1986 年	投资额	3 003	5 741	4 307	5 755	4 352	3 015	6 977	4 993
	到期利润	479	126	1 338	910	−7 955	5 586	22 591	8 987
1987 年	投资额	7 232	6 886	5 070	7 929	7 480	5 463	3 041	4 830
	到期利润	1 211	164	2 210	1 539	5 044	−1 158	6 386	9 398
1988 年	投资额	3 345	5 659	6 665	7 513	5 978	4 558	5 055	4 501
	到期利润	507	629	2 540	1 233	−3 608	−6 112	36 832	10 355
1989 年	投资额	5 308	6 272	6 333	6 749	4 034	7 392	6 442	4 092
	到期利润	787	602	836	1 616	8 081	4 946	16 834	−7 266
1990 年	投资额	4 597	5 294	5 148	5 384	6 220	6 068	6 095	5 270
	到期利润	711	365	2 765	1 099	22 300	8 319	−19 618	−2 697
1991 年	投资额	4 378	5 095	5 973	7 294	6 916	6 276	7 763	6 335
	到期利润	756	621	2 549	1 559	5 130	−9 028	22 230	2 733
1992 年	投资额	6 486	7 821	4 449	5 586	5 812	6 577	6 276	5 848
	到期利润	846	935	1 078	1 006	9 358	1 318	−59 901	24 709
1993 年	投资额	6 974	3 393	4 268	5 414	5 589	4 472	6 863	3 570
	到期利润	1 489	593	1 955	1 740	9 207	4 237	38 552	14 511
1994 年	投资额	4 116	4 618	5 474	6 473	5 073	6 345	6 866	3 044
	到期利润	353	749	2 041	1 548	7 044	−2 291	−39 691	4 570
1995 年	投资额	7 403	5 033	6 859	6 707	5 377	4 783	5 202	6 355
	到期利润	1 117	911	1 392	1 168	7 488	1 464	70 314	19 245
1996 年	投资额	4 237	4 996	5 603	5 597	5 231	4 181	6 830	5 018
	到期利润	571	964	3 077	1 881	7 209	5 721	−21 568	5 075
1997 年	投资额	3 051	5 707	4 877	3 844	7 434	4 222	5 370	5 960
	到期利润	449	868	1 138	1 131	5 196	3 173	99 069	14 864
1998 年	投资额	7 574	5 052	5 460	3 681	7 936	7 745	6 391	3 861
	到期利润	1 396	958	1 372	1 221	5 849	10 740	−27 334	−4 626

表2（续）

项目		1	2	3	4	5	6	7	8
1999 年	投资额	3 510	5 870	5 697	5 701	3 898	7 216	5 135	4 218
	到期利润	364	1 089	1 456	1 757	−629	10 770	−24 878	−5 786
2000 年	投资额	6 879	7 396	5 516	5 623	7 471	5 501	3 174	4 210
	到期利润	994	1 558	2 864	1 461	7 769	7 151	8 981	21 833
2001 年	投资额	3 511	4 780	6 255	6 925	6 598	6 043	4 862	7 988
	到期利润	638	1 175	3 230	2 223	8 020	7 916	−46 712	21 357
2002 年	投资额	3 660	7 741	4 315	4 379	7 120	6 131	3 661	5 393
	到期利润	538	1 527	1 155	1 494	4 616	6 411	64 239	−11 538
2003 年	投资额	4 486	4 756	3 871	5 529	5 807	5 576		3 029
	到期利润	466	862	1 022	2 046	5 395	6 178		11 819
2004 年	投资额	7 280	7 312	6 471	7 760				
	到期利润	1 389	1 319	2 060	3 227				
2005 年	投资额	3 082	5 083						
	到期利润	403	787						

表 3 　　　　　一些投资项目同时投资时历年的投资额及到期利润　　　　单位：万元

项目		同时投资项目 3、4		同时投资项目 5、6		同时投资项目 5、6、8		
		3	4	5	6	5	6	8
1986 年	投资额	4 307	5 755	4 352	3 015	4 352	3 015	4 993
	到期利润	1 026	2 686	1 442	2 634	6 678	2 542	−3 145
1987 年	投资额	5 070	7 929	7 480	5 463	7 480	5 463	4 830
	到期利润	2 188	3 558	3 009	2 935	−3 861	15 120	13 270
1988 年	投资额	6 665	7 513	5 978	4 558	5 978	4 558	4 501
	到期利润	3 272	3 222	443	14 400	4 794	1 884	−3 356
1989 年	投资额	6 333	6 749	4 034	7 392	4 034	7 392	4 092
	到期利润	2 050	2 778	344	4 473	3 002	1 549	10 820
1990 年	投资额	5 148	5 384	6 220	6 068	6 220	6 068	5 270
	到期利润	1 513	2 533	601	−6 448	−852	−4 651	−1 593
1991 年	投资额	5 973	7 294	6 916	6 276	6 916	6 276	6 335
	到期利润	2 733	3 542	10 300	9 217	20 610	5 595	7 283
1992 年	投资额	4 449	5 586	5 812	6 577	5 812	6 577	5 848
	到期利润	3 005	2 448	318	1 087	4 750	−179	14 000

表3(续)

项目		同时投资项目3、4		同时投资项目5、6		同时投资项目5、6、8		
		3	4	5	6	5	6	8
1993 年	投资额	4 268	5 414	5 589	4 472	5 589	4 472	3 570
	到期利润	2 015	2 609	5 168	−2 930	3 170	−235	14 460
1994 年	投资额	5 474	6 473	5 073	6 345	5 073	6 345	3 044
	到期利润	1 782	2 969	−981	2 413	7 304	19 090	7 065
1995 年	投资额	6 859	6 707	5 377	4 783	5 377	4 783	6 355
	到期利润	3 701	2 636	6 695	52	3 795	2 029	10 510
1996 年	投资额	5 603	5 597	5 231	4 181	5 231	4 181	5 018
	到期利润	3 581	1 809	952	844	−2 671	6 334	12 970
1997 年	投资额	4 877	3 844	7 434	4 222	7 434	4 222	5 960
	到期利润	1 510	1 724	−124	8 984	−4 299	3 307	10 170
1998 年	投资额	5 460	3 681	7 936	7 745	7 936	7 745	3 861
	到期利润	3 996	1 450	7 717	2 803	8 062	6 753	10 050
1999 年	投资额	5 697	5 701	3 898	7 216	3 898	7 216	4 218
	到期利润	3 204	2 488	7 598	−4 722	−968	14 900	−2 294
2000 年	投资额	5 516	5 623	7 471	5 501	7 471	5 501	4 210
	到期利润	1 454	2 199	7 518	9 321	6 580	2 131	10 060
2001 年	投资额	6 255	6 925	6 598	6 043	6 598	6 043	7 988
	到期利润	3 258	2 646	8 671	−6 551	11 460	−4 521	−8 039
2002 年	投资额	4 315	4 379	7 120	6 131	7 120	6 131	5 393
	到期利润	2 661	1 984	2 029	20 300	4 379	1 035	4 456
2003 年	投资额	3 871	5 529	5 807	5 576	5 807	5 576	3 029
	到期利润	1 800	2 443	7 424	8 639	12 680	5 112	2 154
2004 年	投资额	6 471	7 760					
	到期利润	3 047	3 682					
2005 年	投资额							
	到期利润							

表4   各投资项目的投资上限

项目	1	2	3	4	5	6	7	8
上限（万元）	60 000	60 000	35 000	30 000	30 000	40 000	30 000	30 000

2007　水电站的生产计划问题

已知某地有两个水库及两个水电站，位置如下图所示：

已知发电站甲可以将水库 A 的 1 万立方米的水转换为 20 万千瓦时电能，发电站乙由于设备比较陈旧，只能将 1 万立方米的水转换为 10 万千瓦时电能。甲、乙两个发电站每月的最大发电能力分别是 12 000 万千瓦时、8 000 万千瓦时。每月最多有 9 000 万千瓦时电能以 2 000 元/万千瓦时的价格出售，超出的部分只能以 1 200 元/万度的价格出售。

两个水库的有关数据见表 1。

表 1　　　　　　　　　　　　　　　　　　　　　　　　　　　　　　单位：万立方米

	水库 A	水库 B
水库最大储水量	3 000	2 100
水库最小储水量	2 200	1 300
水库初始储水量	2 300	1 400

若河流的干流和支流三个月的预测数据表 2。

表 2　　　　　　　　　　　　　　　　　　　　　　　　　　　　　　单位：万立方米

	本月流量	下月流量	第三月流量
干流	400	250	200
支流 1	100	80	65
支流 2	120	105	80
支流 3	75	60	50

1. 请根据上面的数据制订三个月的发电计划；

2. 现已知该河流的干流及三条支流从 1977 年到 2006 年 30 年每月的流量数据，请根据这些数据预测 2007 年干流及三条支流每月的流量。

3. 如果某月干流、支流 1 和支流 2 的总流量大于 500 万立方米时，根据防洪需要，其前一个月水库 A、B 的最大储水量应该分别降低到 2 500 万立方米和 1 600 万立方米。请根据预测值制订 2007 年每月的发电计划。（水库相关数据见表 1）

4. 如果发电机组每年都应该检修，检修时间可以在任意的一个月，检修的当月最大发电量会减少 50%，但检修后每月最大发电量会增加 10%。请给出电站 2007 年的检修计划。

5. 发电站乙的设备比较陈旧了，如果更换设备就可以达到和甲一样的发电能力。试讨论更换设备的条件及方案。

2008 年　中国股市若干问题分析

股市是股票市场或股票交易市场的简称，也称为二级市场或次级市场，是股票发行和流通的场所，也可以说是指对已发行的股票进行买卖和转让的场所。在我国，沪深股市是从一个地方股市发展而成为全国性的股市的，1990 年 12 月正式营业。以上证为例，有 A 股、S 股、ST 股等，其中 A 股也称为人民币普通股票、流通股、社会公众股、普通股，以人民币认购和交易。A 股不是实物股票，以无纸化电子记账，实行 "T+1" 交割制度，有涨跌幅（10%）限制，参与投资者为中国大陆机构或个人，目前已发展到 853 家。

（问题一）中国股市存在过度投机的现象。小李 2007 年年初有现金一万元，准备进入股市，购买上证 A 股。

上证 A 股：2007 年 1 月 4 日—2008 年 4 月 11 日的部分数据见文件：

dataopn. txt　datahi. txt　datalo. txt　datacls. txt

假设小李有超凡的预测能力，请你分析：

1. 若小李 2007 年 11 月 1 日进入股市，只在浦发银行、中国联通、万通地产、四川长虹、中国石油 5 只股票中进行投资选择。请问：至 2008 年 4 月 11 日小李最多获利多少，资金增长多少倍，采用何种投资策略？

2. 若小李 2007 年第一个交易日 1 月 4 日进入股市，可在所有 853 只股票中进行投资选择。请问：至 2008 年 4 月 11 日小李最多获利多少，资金增长多少倍，采用何种投资策略？

（问题二）许多股票在市场中的表现是相似的，可以按不同方法进行分类。

试根据上证 A 股 2007 年 1 月 4 日—2008 年 4 月 11 日的数据：

3. 找出表现最好的 6 只股票、表现最差的 6 只股票、涨跌震荡幅度最大的 6 只股票、涨跌震荡幅度最小的 6 只股票。

4. 对 853 只股票进行分类，并与现有的各种板块分类比较。

（问题三）中国股市 "泡沫" 现象一直是许多学者关注的问题，股市 "泡沫" 就是指股票的价格背离了股票价值的一种现象。

可通过对股票的各种财务数据分析，如发行、交易、公司业绩、股利分配等方面数据，近似地推算出股票的股票价值。

部分数据可在西南财经大学校图书馆的数据库中查到 CSMAR 系列研究数据。

5. 试根据浦发银行、中国联通、万通地产、四川长虹、中国石油 5 只股票的各类数据，讨论这 5 只股票目前的价值，并由此说明我国股市目前是否仍存在"泡沫"现象。

2009 年　家庭理财

个人理财是指根据个人财务状况，建立合理的个人财务规划，并适当参与投资活动。

小李与小张 2002 年元旦举行结婚典礼，婚后由于没有积蓄，于是开始进行家庭理财，其家庭收入与支出情况见附录 1。

一、基本收支分析

夫妇俩结婚至今（2009 年 4 月 20 日）的纯收入（税后收入）总共为多少？总共花费多少？若不进行理财，夫妇俩目前（2009 年 4 月 20 日）的资金结余为多少？

二、若小李夫妇只在银行存款，存款利率见附录 2。

1. 分析求解夫妇俩最佳存款方式，目前小李夫妇拥有的资金（此时为现金及银行存款之和）最多为多少？

注：存款未到期时，存款现值＝本金+预提利息

2. 若小李夫妇单笔定期存款以万元为单位（即万元的整数倍，存款可为 2 万元，但不能为 2 万 1 千元）。分析求解夫妇俩最佳存款方式，并给出存款的时间、存款类型及存款金额，以及目前小李夫妇拥有的资金（此时为现金及银行存款之和）最多为多少？

3. 在单笔定期存款以万元为单位的条件下，小李夫妇希望在未来几年内能使用自有资金（不借款、贷款）购买一套自己的住房，房屋大小在 120 平方米左右，夫妇俩打算居住的区域在几年内的房价大致稳定在每平方米 8 千元左右。小李夫妇最早何时能购买住房？

三、若小李夫妇将所有的资金结余用来炒股。

2002—2009 年上证 A 股 882 只股票日数据见 data2009.rar。

夫妇俩的炒股策略为：

①当股价向下突破 BOLL 线下轨后，从 BOLL 线下方返回 BOLL 线下轨之上时，买入股票；

②当股价向上突破 BOLL 线上轨后，从 BOLL 线上方向下突破 BOLL 线上轨时，卖出股票；

③若多种股票股价符合买入行情，则选择一种返回 BOLL 线下轨之上相对较多的股票买入。

1. 分析评判小李夫妇股票投资的效果。

2. 估计夫妇俩目前拥有的资金（此时为现金、股票价值）为多少？

3. 估计小李夫妇最早何时能购买住房？偏差会有多大？

四、是否有更好的炒股策略？若有，请用上述数据验证。

附录 1 　　　　　　　小李与小张夫妇家庭收入与支出情况

1. 家庭收入

（1）月收入如下表所示：

单位：元/月

	2002 年	2003 年	2004 年	2005 年	2006 年	2007 年	2008 年	2009 年
小李	3 216	3 312	3 536	3 678	3 850	4 012	4 297	4 501
小张	2 515	2 695	2 695	2 875	2 875	3 055	3 055	3 235

（2）年终奖金（每年元月发放）如下表所示：

单位：千元

	2002 年	2003 年	2004 年	2005 年	2006 年	2007 年	2008 年	2009 年
小李	53	50	65	72	69	78	91	92
小张	18	21	19	24	23	23	26	27

（3）其他收入

单位：元

	时间	2002.6	2002.12	2003.1	2003.9	2003.12	2004.1	2004.1	2004.7
小李	收入	1 025	980	500	1 080	1 069	500	1 150	1 085
	时间	2005.7	2005.11	2006.6	2006.7	2006.10	2006.12	2007.1	2007.5
	收入	1 292	1 267	1 575	1 303	200	300	300	1 673
	时间	2007.8	2008.9	2008.11	2008.11	2009.1			
	收入	1 614	1 901	1 990	600	2 342			
小张	时间	2002.1	2002.9	2003.1	2003.9	2004.1	2004.9	2005.1	2005.9
	收入	1 000	1 000	1 000	1 000	1 000	1 000	1 000	1 000
	时间	2006.1	2006.9	2007.1	2007.9	2008.1	2008.9	2009.1	
	收入	1 000	1 000	1 000	1 000	1 000	1 000	1 000	

注：以上收入为税前收入，税收政策近几年有变化

2. 家庭支出

（1）每月要保留 5 000 元左右的现金或活期存款。

（2）2002 年的家庭每月的一般开支大约为 4 000 元，每年家庭一般开支增长 5%。

（3）2005 年 8 月利用家庭自有资金购买了一辆价格为 14 万元的小汽车。

（4）购买小汽车后每月开支增加 1 200 元。

附录 2   金融机构人民币存款基准利率历史数据

调整时间	活期存款	定期存款					
		三个月	半年	一年	二年	三年	五年
1990.04.15	2.88	6.30	7.74	10.08	10.98	11.88	13.68
1990.08.21	2.16	4.32	6.48	8.64	9.36	10.08	11.52
1991.04.21	1.80	3.24	5.40	7.56	7.92	8.28	9.00
1993.05.15	2.16	4.86	7.20	9.18	9.90	10.80	12.06
1993.07.11	3.15	6.66	9.00	10.98	11.70	12.24	13.86
1996.05.01	2.97	4.86	7.20	9.18	9.90	10.80	12.06
1996.08.23	1.98	3.33	5.40	7.47	7.92	8.28	9.00
1997.10.23	1.71	2.88	4.14	5.67	5.94	6.21	6.66
1998.03.25	1.71	2.88	4.14	5.22	5.58	6.21	6.66
1998.07.01	1.44	2.79	3.96	4.77	4.86	4.95	5.22
1998.12.07	1.44	2.79	3.33	3.78	3.96	4.14	4.50
1999.06.10	0.99	1.98	2.16	2.25	2.43	2.70	2.88
2002.02.21	0.72	1.71	1.89	1.98	2.25	2.52	2.79
2004.10.29	0.72	1.71	2.07	2.25	2.70	3.24	3.60
2006.08.19	0.72	1.80	2.25	2.52	3.06	3.69	4.14
2007.03.18	0.72	1.98	2.43	2.79	3.33	3.96	4.41
2007.05.19	0.72	2.07	2.61	3.06	3.69	4.41	4.95
2007.07.21	0.81	2.34	2.88	3.33	3.96	4.68	5.22
2007.08.22	0.81	2.61	3.15	3.60	4.23	4.95	5.49
2007.09.15	0.81	2.88	3.42	3.87	4.50	5.22	5.76
2007.12.21	0.72	3.33	3.78	4.14	4.68	5.40	5.85
2008.10.09	0.72	3.15	3.51	3.87	4.41	5.13	5.58
2008.10.30	0.72	2.88	3.24	3.60	4.14	4.77	5.13
2008.11.27	0.36	1.98	2.25	2.52	3.06	3.60	3.87
2008.12.23	0.36	1.71	1.98	2.25	2.79	3.33	3.60

注:

（1）1999 年 11 月 1 日起国家恢复征收储蓄 20% 的利息税，2007 年 8 月 15 日起将储蓄利息税由 20% 调减为 5%，2008 年 10 月 9 日起国家取消征收储蓄 5% 的利息税

（2）定活两便：按一年以内定期整存整取同档次利率打 6 折

（3）存本取息、整存零取、零存整取 1 年、3 年、5 年期利率分别与整存整取三个月、半年、一年期利率相同

2010 年 家庭收入

附件 data.rar 给出了某地区 2 328 个家庭一年收支分月的模拟数据。

一、基尼系数计算

1. 根据数据计算该地区全年人均收入的基尼系数。

2. 最低生活保障制度是调节收入差距的重要手段。已知该地区的最低生活保障金发放的原则如下：

（1）按当月前连续 3 个月内的家庭收入总和计算家庭收入。前 3 个月的人均月收入低于户籍所在地的最低生活保障标准，且申请当月家庭人均月收入仍低于最低生活保障标准的，该家庭纳入最低生活保障，并按申请当月家庭人均月收入低于最低生活保障标准的差额计发保障金。

（2）该地区人均最低生活保障标准为 260 元。

请根据所给数据，计算经过税收和最低生活保障调节后全年人均收入的基尼系数，并比较前后的结果，给出评价。

二、个人所得税是指国家对个人获得的合法收入征收的税款。近日，由国家发展和改革委员会修改上报国务院的《关于加强收入分配调节的指导意见及实施细则》初稿中，一些突破性的制度设计理念也首次实质触及，比如：以家庭为个人所得税征收主体，以此降低赋税，追求"公平、简化、经济增长"的政策目标。

请你以附录 2 328 个家庭一年的收支数据为依据，优化设计"以家庭为纳税人取代个人纳税人、以综合所得计税取代所得分类计税、以人均超额累进税率取代总额超额累进税率"的个人所得税的级数与税率。

1. 若将现行个人所得税（按月缴纳）税率表（工资、薪金所得适用）作为以家庭为单位征税（按月缴纳）税率表，如何设计个人所得税的免征额使收入差距（以基尼系数来度量）最小？ 2 328 个家庭一年缴纳的个人所得税为多少？

2. 有专家建议"个人所得税应实行五级超额累进税率""最高的边际税率不超过 35%""各级边际税率应与各级平均收入的开方成正比"。

（1）有人将家庭收入分成"收入排在前 10% 的为高收入人群，排在次前 20% 的为中高收入人群，……"，这种分法比较粗糙。请根据家庭收入的分布状况，将家庭收入分成 5 类，并说明其合理性。

（2）以此来设计个人所得税的免征额、级距与边际税率使收入差距（以基尼系数来度量）最小？ 2 328 个家庭一年缴纳的个人所得税为多少？

三、拉动内需不仅是我们目前解决发展问题的一剂良方，也是促进稳定发展、可持续发展的需要。

试通过建立收入与消费、社会保障支出等项目的数量关系，分析各收入阶层对拉动内需的贡献。若国家投入资金提高国民收入，最应该投向收入在哪个区间的家庭。

四、进一步讨论以家庭为单位征收个人所得税情况：

1. 若仅考虑减少收入差距（以基尼系数来度量），最高的边际税率不超过 35%，则：个人所得税应实行几级税率？对应的边际税率为多少？

2. 若综合考察"公平、效率、财政收入"等各个方面，追求"公平、简化、经济增长"的政策目标，体现了"宽税基，低税率"的原则，达到有利于税收征管的目的。则：如何优化设计个人所得税的免税额、累进级数、级距和边际税率。

说明：数据文件 d1.xls，d2.xls，d3.xls，d4.xls，d5.xls，d6.xls，d7.xls，d8.xls，d9.xls，d10.xls，d11.xls，d12.xls 分别为 2 328 个家庭一年 1~12 月的收支状况表。

2011 年　水资源短缺风险综合评价

水资源，是指可供人类直接利用，能够不断更新的天然水体，主要包括陆地上的地表水和地下水。

风险，是指某一特定危险情况发生的可能性和后果的组合。

水资源短缺风险，泛指在特定的时空环境条件下，由于来水和用水两方面存在不确定性，使区域水资源系统发生供水短缺的可能性以及由此产生的损失。

近年来，我国特别是北方地区水资源短缺问题日趋严重，水资源成为焦点话题。

以北京市为例，北京是世界上水资源严重缺乏的大都市之一，其人均水资源占有量不足 300 立方米，为全国人均的 1/8、世界人均的 1/30，属重度缺水地区。附表中所列的数据给出了 1979—2000 年北京市水资源短缺的状况。北京市水资源短缺已经成为影响和制约首都社会和经济发展的主要因素。政府采取了一系列措施，如南水北调工程建设、建立污水处理厂、产业结构调整等。但是，气候变化和经济社会不断发展，水资源短缺风险始终存在。如何对水资源风险的主要因子进行识别，对风险造成的危害等级进行划分，对不同风险因子采取相应的有效措施规避风险或减少其造成的危害，这对社会经济的稳定、可持续发展战略的实施具有重要的意义。

《北京统计年鉴 2009》及市政统计资料提供了北京市水资源的有关信息。利用这些资料和你自己可获得的其他资料，讨论以下问题：

1. 评价判定北京市水资源短缺风险的主要风险因子是什么？

影响水资源的因素很多，如气候条件、水利工程设施、工业污染、农业用水、管理制度、人口规模等。

2. 建立一个数学模型对北京市水资源短缺风险进行综合评价，做出风险等级划分并陈述理由。对主要风险因子，如何进行调控，使得风险降低？

3. 对北京市未来两年水资源的短缺风险进行预测，并提出应对措施。

4. 以北京市水行政主管部门为报告对象，写一份建议报告。

附表

1979—2000 年北京市水资源短缺的状况

年份	总用水量 （亿立方米）	农业用水 （亿立方米）	工业用水 （亿立方米）	第三产业及 生活等其他用水 （亿立方米）	水资源总量 （亿立方米）
1979	42.92	24.18	14.37	4.37	38.23
1980	50.54	31.83	13.77	4.94	26
1981	48.11	31.6	12.21	4.3	24
1982	47.22	28.81	13.89	4.52	36.6
1983	47.56	31.6	11.24	4.72	34.7
1984	40.05	21.84	14.376	4.017	39.31
1985	31.71	10.12	17.2	4.39	38
1986	36.55	19.46	9.91	7.18	27.03
1987	30.95	9.68	14.01	7.26	38.66
1988	42.43	21.99	14.04	6.4	39.18
1989	44.64	24.42	13.77	6.45	21.55
1990	41.12	21.74	12.34	7.04	35.86
1991	42.03	22.7	11.9	7.43	42.29
1992	46.43	19.94	15.51	10.98	22.44
1993	45.22	20.35	15.28	9.59	19.67
1994	45.87	20.93	14.57	10.37	45.42
1995	44.88	19.33	13.78	11.77	30.34
1996	40.01	18.95	11.76	9.3	45.87
1997	40.32	18.12	11.1	11.1	22.25
1998	40.43	17.39	10.84	12.2	37.7
1999	41.71	18.45	10.56	12.7	14.22
2000	40.4	16.49	10.52	13.39	16.86

注：2000 年以后的数据可以在《北京统计年鉴 2009》上查到

2012 年　车辆调度问题

某校有 A、B 两个校区，因为工作、学习、生活的需要，师生在 A、B 两校区之间有乘车的需求。

1. 在某次会议上，学校租车往返接送参会人员从 A 校区到 B 校区。参会人员数量、车辆类型及费用等已确定（见附录 1）。

（1）最省的租车费用为多少？

（2）最省费用下，有哪几种租车方式？

2. A、B 两校区交通网路及车辆运行速度见数据文件（见附录 2）。试确定 A、B 两校区车辆的最佳行驶路线及平均行驶时间。

3. 学校目前有运输公司经营两校区间日常公共交通，现已收集了近期交通车队的运行数据（见附录 3）。

（1）试分析运行数据有哪些规律；

（2）运输公司调度方案是根据教师的乘车时间与人数来制订的。若各工作日教师每日乘车的需求（改为时间）是固定的（见附录 4），请你根据运行数据确定教师在工作日每个班次的乘车人数，以供运输公司在制定以后数月调度方案时使用。

4. 学校准备购买客车，组建交通车队以满足教师两校区间交通需求。假设：

（1）欲购买的车型已确定（见附录 5）；

（2）各工作日教师每日乘车的需求是固定的（见附录 4）；

（3）A、B 两校区间车辆运行时间固定为平均行驶时间（见附录 2）。

若不考虑运营成本，请你确定购买方案，使总购价最省。

5. 若学校使用 8 辆客车用于满足教师两校区间的交通需求。假设：

（1）8 辆客车的车型及相关数据已确定（见附录 6）；

（2）各工作日教师每日乘车的需求是固定的（见附录 4）；

（3）A、B 两校区间车辆运行时间固定为平均行驶时间（见附录 2）；

（4）车库设在 A 校区，客车收班后须停靠在车库内。

请你确定最佳调度方案，在满足教师乘车要求的条件下，使该车队运营成本最低。

6. 事实上，教师及学生每日乘车的需求是随机的，车辆运行时间是随机的。如果学校要考虑是否组建交通车队以满足教师两校区间的交通需求，请你分析：

（1）应考虑哪些因素？收集哪些数据？

（2）建立合理决策模型，结合相关数据（见附录 3、附录 7），并参考问题 4、5 的结论，估算模型的解，从而得到合理的解决方案。

附录 1　　　　参会人员数量、车辆类型及费用表

租车报价

可选车型	I	II	III	IV	
座位数	4	7	34	47	注：包括驾驶员座位
租用半天费用（元）	400	500	1 000	1 200	
租用全天费用（元）	800	1 000	2 000	2 400	
优惠	租 I 型车 3 辆及以上：I 型车租金全部 8 折（租半天算 0.5 辆） 租 II 型车 3 辆及以上：II 型车租金全部 8 折（租半天算 0.5 辆）				

参会人员

参会时间		主席团人员 27 人	其他人员 195 人	注：主席团人员与其他人员可共同乘坐一辆车（Ⅰ、Ⅱ型）
	只参加上午会议	20	22	
	全天	7	173	
可选车型		Ⅰ、Ⅱ	Ⅰ、Ⅱ、Ⅲ、Ⅳ	

附录 2　　数据文件：两校区交通网路及车辆运行速度表.xls（略）

附录 3　　数据文件：两校区交通运行调查数据表.xls（略）

附录 4　　　　　　　　　　教师乘车固定需求表

A 校区	发车时间	7：30	8：15	9：25	11：45	13：05	15：00	17：15	19：30		
	乘车人数	88	100	24	46	4	44	73	5		
B 校区	发车时间	10：30	11：30	12：25	13：00	16：00	17：15	17：30	17：45	20：30	21：25
	乘车人数	40	10	20	40	33	109	14	26	62	30

附录 5　　　　　　　　　　客车报价表

车型	Ⅰ	Ⅱ	Ⅲ	Ⅳ	Ⅴ	Ⅵ
座位数	16	31	35	36	39	47
购车价格	18	30	33	38	45	48

注：座位数包括驾驶员座位；

购车应考虑购置税

附录 6　　　　　　　　8 辆客车的车型及相关数据表

车型	Ⅰ	Ⅱ	Ⅲ	Ⅳ	Ⅴ	Ⅵ
座位数（座）	16	31	35	36	39	47
耗油量（升）	15	19	20	20	21	24
数量（辆）	1		6			1
驾驶员费用（元/个来回）	13		15			17

附录 7　　　　　　　　部分客车的车型及相关数据表

车型	Ⅰ	Ⅱ	Ⅲ	Ⅳ	Ⅴ	Ⅵ
座位数（座）	16	31	35	36	39	47
购车价格（万元）	18	30	33	38	45	48
耗油量（升）	15	19	20	20	21	24
驾驶员费用（元/个来回）	13	15	15	15	15	17
车辆养护与保险（万元/年）	1	1.6	1.7	1.9	2.0	2.3

车型	I	II	III	IV	V	VI
票价（元/人）	5					
驾驶员基础工资（元/月）	1 200					

2013 年　货物配送问题

梦想连锁是一家肉类食品加工与销售公司，主营：鲜猪肉。

公司在全省县级及以上城镇设立销售连锁店。全省县级及以上城镇地理位置及道路连接见数据文件：全省交通网络数据.xlsx。

问题：

1. 目前公司现有 2 个生产基地、23 家销售连锁店，生产基地设在 120 号和 63 号城镇，为 23 家连锁店提供鲜猪肉，连锁店的日销售量见附录 1。若运输成本为 0.45 元/吨·千米，请你为公司设计生产与配送方案，使运输成本最低。

2. 公司收集了近 5 年全省各城镇的鲜猪肉月度需求数据（见数据文件：各城镇月度需求数据.txt），请你分析各城镇需求特征，并预测未来数年何时全省鲜猪肉需求达到峰值，达到峰值时需求达到前 5 位和后 5 位的城镇有哪些？

3. 通过广告宣传等手段，未来几年公司在全省的市场占有率可增至 3 成左右（各城镇对公司产品每日需求预测数据见文件：公司未来各城镇每日需求预测数据.txt）。调查还发现，公司产品的需求量与销售量并不完全一致，若在当地（同一城镇）购买，则这一部分需求量与销售量相同，若在不足 10 千米的其他城镇的销售连锁店购买，则这一部分需求量只能实现一半（成为公司产品销售量，由于距离的原因，另一半需求转向购买其他公司或个体工商户的产品），而在超过 10 千米的其他城镇的销售连锁店购买，销售量只能达到需求量的 3 成。于是，公司决定在各城镇增设销售连锁店，基于现有条件、成本等的考虑，原有的 23 家销售连锁店销售能力可在现有销售量的基础上上浮 20%，增设的销售连锁店销售能力控制在每日 20~40 吨内，并且要求增设的销售连锁店的销售量必须达到销售能力的下限。同一城镇可设立多个销售连锁店。

请你为公司设计增设销售连锁店方案，使全省销售量达到最大。

4. 在增设销售连锁店的基础上，公司决定增加生产基地，地址设立在城镇所在地，每日产品生产必须达到 250 吨以上，在生产与销售各环节不能有产品积压。

请你为公司设计生产基地增设方案，使运输成本最低。

5. 公司产品若采用载重 1.5 吨的小货车从生产基地运往销售连锁店，小货车在高速公路上限速的 100 千米/小时（高速公路见附录 2），在普通公路上限速为 60 千米/小时，销售连锁店需要的产品必须当日送达。假设：每日车辆使用时间不超过 8 小时，小货车装满或卸完 1.5 吨的货物均需要半小时，本市运输车辆行驶时间可忽略不计。

在公司增设销售连锁店、增加生产基地后，为完成每日运输任务，请你为公司确定小货车的最小需求量以及各车辆的调运方案。

附录 1   23 家连锁店日销售量

连锁店编号	1	2	3	4	5	6	7	8
所在城镇编号	120	106	63	31	141	10	65	79
日销售量（千米）	28 733	38 223	21 733	23 947	9 258	8 481	15 570	38 759
连锁店编号	9	10	11	12	13	14	15	16
所在城镇编号	1	120	36	27	34	42	94	11
日销售量（千米）	14 744	32 517	11 503	9 265	451	9 489	12 773	6 103
连锁店编号	17	18	19	20	21	22	23	
所在城镇编号	24	63	145	22	16	123	64	
日销售量（千米）	3 251	28 295	39 653	6 375	14 783	18 081	1 840	

注：省内有三条高速公路，连接的城镇编号如下：

附录 2

第一条	120 119 13 45 44 43 34 33 31 30 23 21
第二条	120 116 115 112 111 5 62 63 6 66 67 68 69
第三条	120 125 131 130 106 105 104 103 102 97 98

2014 年　生产与库存管理问题

现代造船模式以统筹优化理论为指导，应用成组技术原理，以中间产品为导向组织生产，在空间上分道，时间上有序，实现设计、生产、管理一体化，均衡、连续的总装化造船。

某造船企业生产某型轮船。

中间产品、最终产品的生产结构见附录 1。其中，A0 为最终产品：轮船，A1……A7 为中间产品，表中数据表示表示生产一个单位产品 Ai（行）需要消耗的产品 Aj（列）的数量，如生产一个单位产品 A0 需要消耗的产品 A1 的数量为 4。注：中间产品不对外销售。

生产一件产品所需的资源和时间见附录 2。

该企业现有生产资源状况见附录 3。

1. 在现有资源下，企业工作人员每天工作不超过 8 小时，设备可不停歇的方式进行生产。

（1）若企业要求均衡连续生产，该产品的最小生产规模是多少？最小生产周期为多少？

（2）若企业要求均衡连续生产，该企业的最大生产能力为多少？生产资源的浪费为多少？

（3）若企业只要求均衡生产，不要求连续生产，生产周期为一周，请你求出该企业的最大生产能力为多少？生产资源的浪费为多少？

其中：最大生产能力是指生产周期内生产的最终产品的最大数量。均衡生产是指一个周期内生产的产品之间生产与消耗正好匹配。连续生产是指设备不停歇地生产一种固定产品。中间产品有足够的备件，所以不用考虑产品生产的先后次序关系。

2. 通过调研，得到该企业产品未来一年的市场需求见附录 4。若企业每周生产 6 天，各周生产的产品数量采用见订单生产的方式，即周内产量不得超过需求量。产量达不到需求量的部分将丢失销售机会，即不能推到下一周生产。一周内采取均衡连续生产的方式，周日为设备检修与原材料进货时间，不进行生产。各周之间的生产规模可以不相同。

若企业对原材料的进货与库存管理方式为：①周日一次性进货。②若库存达到能满足 40 艘轮船生产的原料数量时，不进货；否则进货。原材料的进货量为：使库存量正好达到满足 80 艘轮船生产的原料数量。

请你在此库存策略下，求出未来一年企业的年预期销售量。

3. 在上一问（问题 2）条件下，由于该企业的生产资源存在浪费现象，企业决定调整人员和设备的数量。

若人员酬金、设备使用费、产品的销售价格确定，见附录 5。

请你确定企业保留的人员和设备的数量，使企业效益预期达到最大，并给出企业此时的年预期销售量。

4. 若该企业每周市场需求是完全随机的，未来一年销售量未知，现收集到过去一年该企业产品的部分市场需求见附录 6。该企业在上一问（问题 3）保留的人员和设备的数量的基础上，决定重新确定对原材料的进货与库存管理方式。

企业仍采用一周内均衡连续生产的方式，周日为设备检修与原材料进货时间，不进行生产。但每个生产周期内可销售产品数量可以超过销售量，超过部分在下一期销售，但超过部分的数量最多为 5。每周可销售产品数量达不到需求量的部分将丢失销售机会。

人员酬金、设备使用费、产品的销售价格仍见附录 5。原材料库存费用、进货费用见附录 7。

请你优化企业原材料进货与库存管理方式，使企业效益预期达到最大，并给出企业此时的年预期销售量。

附录 1　　　　　　　　　中间产品、最终产品的生产结构表　　　　　　单位：件

	A1	A2	A3	A4	A5	A6	A7
A0	4	0	0	5	6	6	0
A1		1	2	0	0	0	0

	A1	A2	A3	A4	A5	A6	A7
A2			2	0	0	0	1
A3				0	0	0	3
A4					3	0	0
A5						0	5
A6							7

附录2　　　　　　　　各个产品生产一件所需的资源和时间

	A0	A1	A2	A3	A4	A5	A6	A7
工人（人）	6	2	3	6	2	4	4	1
工程师（人）	1	1	0	1	1	0	1	0
设备（台）	3	1	1	2	1	2	2	1
时间（小时）	24	16	24	24	72	8	24	8

附录3　　　　　　　　该企业现有生产资源状况

工人（人）	工程师（人）	设备（台）
12 112	1 602	2 012

附录4　　　　　　　　未来一年该企业产品的市场需求　　　　　　单位：艘/周

54	50	37	36	31	37	41	39	33	38	40	33	30	32	32
47	52	34	35	30	40	38	36	41	60	35	56	48	30	54
28	41	49	40	39	34	53	56	44	41	30	40	58	33	37
36	39	39	38	39	39	37								

附录5　　　　　　　　人员酬金、设备使用费、产品的销售价格表

工人（人）	基本工资：600元/月	每日8小时之内：10元/小时	每日8小时之外：20元/小时，最多加班6小时	每周8小时之内工作时间总和超过8×5＝40小时：超过部分按每日8小时之外计算酬金
工程师（人）	基本工资：2 000元/月	每日8小时之内：15元/小时	每日8小时之外：30元/小时，最多加班6小时	每周最多工作6天，即每周最多工作84小时
设备（台）	使用费：20/小时。闲置维修费：5/小时			
产品销售价	35万元/艘			

附录 6　　　　　　过去一年该企业产品的部分市场需求　　　　　单位：艘/周

31	31	30	40	27	41	31	37	29	31	37	31	40	29	31
39	29	39	42	35	31	38	27	30	34	39	36	38	30	30
30	31	47	40	40	30	36	31	40	24					

附录 7　　　　　　　　原材料库存费用、进货费用表

库存费用	40 元/套	
进货费用	进货费用：12 万元/次	原材料价格：8 万元/套 注：一次购买 40 套以上，价格可优惠至 9.8 折 　　一次购买 50 套以上，价格可优惠至 9.5 折 　　一次购买 60 套以上，价格可优惠至 8.0 折

注：1 套原材料是指能生产 1 艘轮船的原材料数量

2015 年　膝关节生物力学分析问题

膝关节由股骨踝、胫骨平台、腓骨、髌骨、韧带、半月板、关节软骨、肌肉等共同组成，其运动是很复杂的。

1. 膝关节力量的测试分析

等速测试中峰力矩指标是肌肉力量的体现。

采用 CON-TREX 等速测力系统采集实验数据：选择膝屈/伸两个实验项目，进行四种方案测试：静止 130°用力、运动 60°/s、180°/s、300°/s，分别进行 5 次。测试者上身进行固定，要求双手握住两侧扶手，测试时必须用尽全力。

测试数据见文件：data1。数据项包括：测试者编号、性别（1 男 2 女）、年龄、身

高、体重、左/右腿（1 左 2 右）、屈/伸（1 伸 2 屈）、静止 130° 峰力矩、60°/s 峰力矩、60°/s 峰力矩角度、180°/s 峰力矩、180°/s 峰力矩角度、300°/s 峰力矩、300°/s 峰力矩角度。

试分析测试数据有哪些特征，即：峰力矩的值与哪些因素有关，以及关系的强弱。

2. 膝关节承重分析

在体重负荷下，胫股关节接触力随屈膝角度增大而增加。有资料显示，人体屈膝 30°，膝关节承受的压力和体重相等；屈膝 60°，膝关节承受的压力是体重的 4 倍；屈膝 90°，膝关节承受的压力是体重的 6 倍。

事实上，膝关节所承受的压力不仅与屈膝角度有关，也与身体各部位（躯干、小腿等）的倾斜度有关。试建立数学模型，分析在体重负荷、静止、双脚支撑状况下，胫股关节接触力与屈膝角度、身体各部位倾斜度的关系，确定最大胫股关节接触力及对应的屈膝角度、小腿等的倾斜度，并说明上段说法是否正确（可在一定误差下）。

3. 台阶运动对膝关节的影响

　　爬楼梯属于负重运动，上下台阶时下肢各关节的运动幅度、关节负荷以及肌肉活动等均与在平地上静止、行走有差异，膝关节起主要承重和缓冲作用。

　　有资料显示，正常人在爬楼梯时膝关节承受的压力会在瞬间增加 3 倍。即，一位体重为 70 千克的人在爬楼梯时其两侧膝关节所承受的压力则高达 280 千克。同时，爬楼梯速度越快，膝关节承受的压力就越大。

　　考察台阶：长 90 厘米、宽 28 厘米、高 18 厘米。测试者：170 厘米、70 千克。速度：96 步/分。试建立数学模型，分析上下台阶时，胫股关节接触力与上下楼梯时腿部动作、速度等的关系。分析上下楼梯是否有差异、上下楼梯最大膝关节压力各是多少、平均膝关节压力各是多少，并说明上段说法是否正确。

　　4. 运动对膝关节的影响

　　若时间容许的话，请选取步行（如快步走）、武术（如太极拳）、球类（如篮球）、田径（如跳远）等一个或多个运动项目，对运动对膝关节的影响进行进一步讨论。

2016 年　货运列车编组运输问题

　　货运列车编组调度的科学性和合理性直接影响着货物运输的效率。请根据问题设定和相关数据依次研究解决下列问题：

　　1. 假设从甲地到乙地每天有 5 种类型的货物需要运输，每种类型货物包装箱的相关参数见附录 1。每天有一列货运列车从甲地发往乙地，该列车由 1 节 I 型车厢和 2 节 II 型车厢编组。I 型车厢为单层平板车，II 型车厢为双层箱式货车，这两种车厢的规格见附录 2。货物在车厢中必须按占用车厢长度最小方式放置（比如：A 类货物占用车厢长度只能是 2.81 米，不能是 3 米；再比如：一节车厢中 B 类货物装载量为 2 件时，必须并排放置占用长度 2.22 米，装载量为 3 件时，占用长度 3.72 米），不允许货物重叠放置；II 型箱式车厢下层装载货物后剩余长度小于或等于 0.2 米，才能在上层放置货物。试设计运输货物数量最多的条件下，运输总重量最小的装运方案。

　　2. 如果现有 B，C，E 三种类型的货物各 68、50、41 件，试设计一个使用车厢数量最少的编组方案将货物运输完毕。由于整个铁路系统 I 型车厢较多，要求在编组中 I 型车厢的数量多于 II 型车厢数量，II 型箱式车厢下层装载货物后剩余长度小于或等于 5 米，才能在上层放置货物，货物装车其他规则同问题 1。若 B，C，E 三种类型的货物各有 48、42、52 件，请重新编组。

　　3. 从甲地到乙地每天上午和下午各发送一列由 I 型车厢编组的货运列车，每列火车开行的固定成本为 30 000 元，每加挂一节车厢的可变成本为 1 500 元。为了装卸的方便，铁路部门拟将货物放置到长、宽、高分别为 4 米、3 米及 1.99 米的集装箱中运输，每个集装箱的总重量不超过 18 吨，集装箱的运费为 1 000 元/个。每天需要运输的集装箱数量是随机的，附录 3 给出了过去最近 100 天上午和下午分别需要运输的集装箱的数量。上午的需求如果不能由上午开行列车运输，铁路部门要支付 50 元/个的库存费用；下午列车开行后如果还有剩余集装箱，铁路部门将支付 200 元/个的赔偿费，转而利用其他运输方式运输。试制定两列火车的最佳编组方案。

4. 附录 4 给出了某铁路网线情况的说明，从车站 A 到其他站点的潜在集装箱运输需求量见附录 5，集装箱规格同第 3 问（铁路部门没有义务把集装箱全部运输完毕）。每天铁路部门将以 A 站为起点、以 F 站为终点，沿不同的路线开行若干趟货运列车，全部用 I 型车厢编组，每列火车最大编组量为 40 节车厢。每列火车列车开行的固定成本为 15 000 元，每节车厢开行的可变成本为 1 元/千米，每个集装箱的运费为 2 元/千米（集装箱的运费按两个车站之间的最短铁路距离计费），请为铁路部门设计一个编组运输方案。

5. 附录 6 给出了每天各个车站之间潜在的集装箱运输量，铁路部门每天从 A 站用 I 型车厢编组开行到 F 站的若干趟货运列车，铁路网线及费用设定同问题 4，请为铁路部门设计一个编组运输方案。

附录 1　　　　　　　　　　　　货物包装箱相关参数

货物类型	长度（米）	宽度（米）	高度（米）	重量（吨）	数量（件）
A	2.81	3	1.32	5.5	7
B	2.22	1.5	1.35	10.5	6
C	1.71	3	0.9	9	5
D	2.62	3	1.1	8	7
E	2.53	3	1.2	7.5	6

附录 2　　　　　　　　　　　　火车车厢相关参数

车厢类型	长度（米）	宽度（米）	下层高度（米）	上层高度（米）	载重量（吨）
I 型	12.5	3	2.5	——	55
II 型	15	3	1.4	1.3	70

附录 3：

近 100 天上午集装箱数量：

149	100	106	132	97	102	97	123	124	97
103	130	146	144	108	110	106	133	144	99
128	98	133	101	95	100	144	111	103	106
125	105	112	150	105	144	94	122	148	137
103	140	121	146	148	132	120	115	117	103
93	128	127	137	100	121	149	126	130	144
93	117	95	91	122	125	120	135	98	91

134	107	143	143	146	115	109	139	107	97
111	141	149	112	101	111	131	140	144	130
95	108	139	142	117	115	122	136	129	90

近 100 天下午集装箱数量：

128	137	115	106	133	56	93	95	113	66
155	105	89	108	131	107	98	122	102	102
104	109	106	97	105	87	86	125	124	165
73	82	121	82	119	61	86	113	62	116
73	87	83	136	102	75	106	93	124	97
121	119	103	121	68	84	108	111	92	88
113	85	78	112	90	80	116	75	107	88
92	125	111	91	99	113	98	110	92	80
75	101	85	98	69	61	103	85	112	128
101	102	90	82	111	118	128	88	85	47

附录 4　　　　　　　　　铁路网线说明

铁路网上火车站点名称表

编号	火车站点名称	X 坐标（千米）	Y 坐标（千米）
1	A	0	0
2	B1	111.1	141.1
3	B2	0.00	−111.1
4	C1	157.9	142.5
5	C2	228.4	55.9
6	C3	220.7	−28.6
7	C4	148.1	−191.4
8	D1	342.9	74.1
9	D2	363.7	−5.6
10	D3	329.7	−107.6
11	E1	429.8	108.1
12	E2	410.7	5.7
13	E3	442.9	−38.6
14	F	519.6	0

站点之间的铁路连接表（直接连接不通过其他站点）

注意：铁路线路为单向行驶，即火车只能从起点至终点，不能从终点至起点。

编号	铁路线起点站点	铁路线终点站点	铁路线长度（千米）
1	A	B1	250
2	A	B2	150
3	B1	C1	50
4	B1	C2	150
5	B1	C3	300
6	B2	C2	400
7	B2	C3	350
8	B2	C4	300
9	C1	D1	300
10	C1	D2	400
11	C2	D1	150
12	C2	D2	250
13	C3	D2	150
14	C3	D3	150
15	C4	D2	400
16	C4	D3	200
17	D1	E1	100
18	D1	E2	100
19	D2	E2	50
20	D2	E3	100
21	D3	E2	150
22	D3	E3	150
23	E1	F	200
24	E2	F	150
25	E3	F	100

附录5　　　　　　　各地集装箱运输需求量　　　　单位：件

B1	B2	C1	C2	C3	C4	D1	D2	D3	E1	E2	E3	F
58	39	80	54	14	71	82	63	54	23	72	69	72

附录 6   各地集装箱运输需求量   单位：件

起点站	A	A	A	D2	B1	D3	C2	C1	C4	D1	B2	A
终点站	C1	E3	D1	E3	D2	E2	E1	E1	E3	F	F	C3
运输量	10	44	96	4	71	32	19	68	34	22	15	22
起点站	A	C3	C1	D1	A	C1	B2	B2	B2			
终点站	F	D2	D1	E2	B1	E3	E1	E2	E3			
运输量	56	28	30	89	57	93	99	57	49			